사회문화인류학

SOCIAL AND CULTURAL ANTHROPOLOGY:
A Very Short Introduction, First Edition

First edition was originally published in English in 2000.
Korean translation rights arranged with Oxford University Press
through EYA.

첫단추 시리즈

사회문화인류학

존 모나한 · 피터 저스트 지음
유나영 옮김

교유서가

우리의 자녀인 리 앤, 리지, 에미, 벤에게

차례

아주 짧은 소개

우리는 인류학이 무엇인지, 인류학을 어떻게 하는지, 우리가 아는 것을 어떻게 전달해야 가장 좋을지를 놓고 지난 20여 년간 이야기를 나누어왔다. 이 대화는 우리가 펜실베이니아 대학의 대학원생일 때부터 시작되었다. 우리는 현지조사(fieldwork, 또는 현장연구)—현지조사는 우리 학문 분야의 핵심에 해당하는 활동으로, 첫째 장에서 이에 대해 많이 이야기할 것이다—를 하러 떠난 뒤에도 계속해서 의견을 교환했다. 하지만 우리의 대화를 무엇보다도 크게 진전시킨 것은 바로 교사로서의 경험이었다. 수년에 걸쳐 수천 명의 교양 있는 비전문가들에게 인류학을 소개하는 과업을 통해, 우리는 인류학자들이 무엇을 발견했는지보다는 인류학자들이 스스로 배운 것에 대해 어떻게 생각하는지를—말하자면 사실보다는 개념을—강조하는 것이야말로 인류학을 소개하는 최선의 방법이라고 확신하게 되었다. 그래서 우리는 최신 트렌드를 리뷰하기보다, 인류학 탐구의 핵심에 자리잡은 이슈들을 들여다보고 우리 학문 분야의 영속적 가치를 전달하기 위해 노력하기로 했다.

인류학은 지리상의 발견과 식민주의, 자연과학이 교차하는 지점에서 발생했다. 19세기, 다윈 진화론으로 이어지는 철학 사조의 영향을 받은 최초의 인류학자들은 사회·문화적 진화의 단계를 재구성하는 데 관심이 있었다. 에드워드 타일러(Edward Tylor)와 루이스 헨리 모건(Lewis Henry Morgan) 같은 인물들은 문자 체계부터 결혼 관습까지, 가장 원시적인 기원부터 그것이 현대에 나타난 양상까지 모든 것을 망라한 저작을 발표하여 후대에 큰 영향을 끼쳤다. 20세기 초에 이르러 인류학자들은 다른 지적 프로젝트들을 발전시켰고, 가장 중요하게는 식민 관료, 선교사, 여행가, 기타 비전문가들의 기술에 의존하여 1차 자료를 얻는 데 더이상 만족하지 않게 되었다. 그들은 민족지학자로서 자신만의 정보를 직접 얻기 위해 '현지(field)'로 들어가기 시작했다. 이런 민족지 선구자들의 시대 이래로 인류학이 상당히 많이 변화하긴 했어도 여전히 민족지는 인류학을 다른 사회과학과 구분 짓는 요소 중 하나이며, 아마 모든 인류학자들이 민족지 기술의 중요성에 동의할 것이다.

20세기 초에 인류학자들은 대체로 단순한 기술을 지닌 소규모 사회에 관심을 기울였다. 이는 일부분 식민주의가 도래하면서 급속히 바뀌고 있던 생활 방식을 기록하려는 열망의 발로였고(물론 이들 사회가 서구와 접촉하기 이전에 변치 않았다거나 진짜로 고립되어 있었다고 가정하는 것은 착각이지만), 일부는 인간 제도의 '본질적' 혹은 '기본적' 형태에 다가가려는 열망의 발로였다(이들 사회가 더 '초보적'인 법이나 종교 등을 지녔다고 가정하는 것 또한 착각이지만). 20세기 후반의 주류 인류학은 자신을 자연과학 전통에 속하는 학문으로 보는 시각에서 멀어졌고, 보다 해석적이고 인문학적인 접근법을 채택했다. 또한 비서구 · 소규모 촌락 사회에만 맞추었던 초점을 전환하여, 도시의 산업화된 환경에서 찾아볼 수 있는 노동조합, 사교 클럽, 이주 공동체 등 기존 사회학의 범주에 속했던 집단으로까지 대상을 넓혔다. 그럼에도 인류학은 **모든** 사회를 염두에 두고 그들 모두를 똑같이 중요하게 다룬다는 점에서, 그 범위에 있어 대체로 비교 연구의 성격을 띠고 있다. 게다가 여전히 인류학은 인류학자가 특정한 사람들 및 장소와 특수한 만남을 갖는 데서 나오는 풍부한 기술(description)에 견고히 뿌리박고 있다. 우리는 이야기꾼의 힘이야말로 우리가 지닌 가장 큰 힘임을 자주 깨닫곤 했다. 이 책에서도 우리가 현지조사에서 경험한 일화를 예로 들어가며 설명할 것이다. 그나저나 인류학자들이 이러는 것은 아주 흔한 일이다. 그들에게 낯선 문화와 조우한 직접적 경험은 여간해선 잊히지 않기 때문이다. 그러니 우리에게 가장 친숙한 두 사회에 대해 조금 이야기하겠다.

피터는 1980년대 초에 인도네시아의 도우 동고(Dou Donggo)인들 사이에서 2년간 주된 연구를 수행했고 이후에도 몇 차례 짧게 방문했다. 당시 도우 동고인의 인구는 약 2만 명이었다. 숨바와섬의 동쪽 끝에 있는 비마만에는 자연항이 절경을 이루고 있는데, 그들은 이 만의 서안에 높이 솟아오른 산악 고지대에 살았다. 숨바와섬은 인도네시아의 수마트라섬에서 티모르섬까지 아치형으로 이어진 긴 열도의 중간쯤에 자리잡고 있으며, 발리 동쪽에서 두번째로 큰 섬이다. 숨바와섬의 동쪽 절반은 비마(Bima)라고 불리며(토착 지명은 아니다), 스스로를 도우 음보조(Dou Mbojo)라 일컫고 외지인들은 보통 비마인이라고 부르는 훨씬 큰 종족 집단이 그 대부분 지역을 차지하고 있다. 원래 비마는 고대 자바를 중심으로 한 마자파힛 제국의 일부인 힌두교 왕국이었다. 17세기 초에 이 제국이 멸망한 뒤 비마인들은 무슬림이 되었고, 오늘날에는 인도네시아(전체 인구의 85퍼센트가 이슬람교 신자를 자처하는 국가)에서 가장 신심 깊은 무슬림 축에 든다고 알려져 있다. 하지만 비마 왕국이 힌두교 왕국일 무렵에도 도우 동고인은 줄곧 그 외

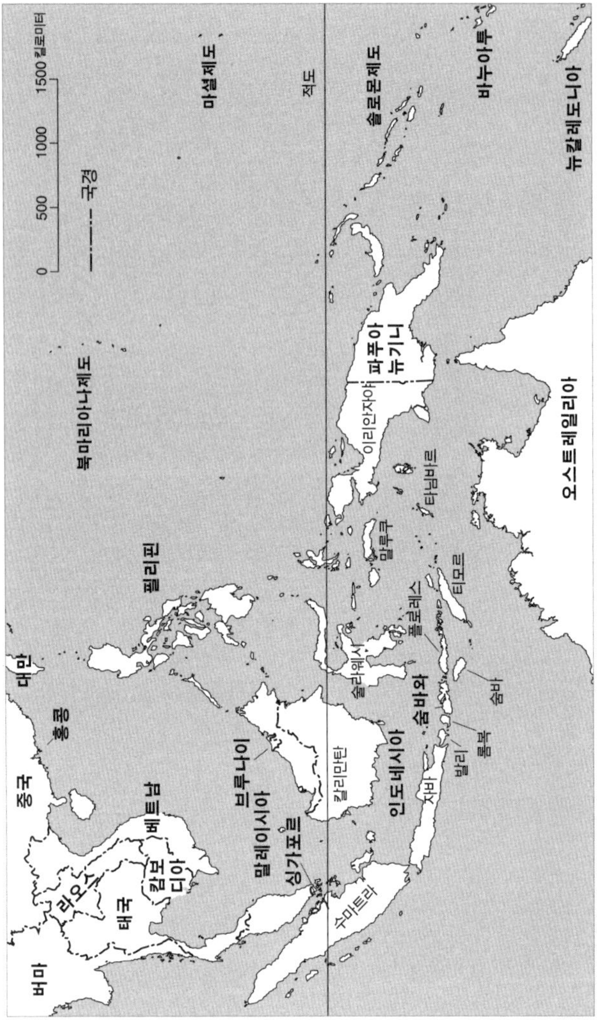
0 500 1000 1500 킬로미터
국경
마셜제도
적도
솔로몬제도
바누아투
뉴칼레도니아
북마리아나제도
파푸아
뉴기니
이리안자야
오스트레일리아
타님바르
말루쿠
티모르
필리핀
플로레스
숨바와
숨바
술라웨시
대만
홍콩
롬복
발리
인도네시아
칼리만탄
브루나이
자바
중국
베트남
말레이시아
싱가포르
캄보디아
라오스
태국
수마트라
버마
인도네시아

부에 있었고, 비마 무슬림 왕국이 세워진 뒤에도 한참 있다가, 그것도 정복이 아니라 조약에 의해서 왕국의 일부로 들어왔다. 이렇게 상대적 독립을 유지할 수 있었던 것은 일부분 그들이 용맹한 전사로 명성을 떨쳤기 때문이고, 일부분 그들이 사는 산악 지대가 비교적 방어하기 쉬웠기 때문이다(도우 동고는 '산 사람들'이라는 뜻이다). 무슬림 비마의 일부가 된 이후에도 도우 동고인은 일정한 정치적 특권을 보유했으며, 이슬람교를 거의 받아들이지 않고 그들 고유의 종교적 신앙과 관습을 고수했다. 도우 동고인이 종주국과 주변 종족의 종교를 받아들이기를 완강히 거부했다는 사실은 피터가 그들에게 처음 관심을 갖게 된 계기이기도 했다. 도우 동고인과 비마인이 같은 언어인 응가히 음보조어(Nggahi Mbojo)를 공유함에도 불구하고 둘 사이에는 종족적 경계가 확립되어 있는데, 피터는 종교적 차이가 이러한 종족 구분에 어떤 역할을 했는지를 알아보러 떠나기로 했다. 피터가 동고(이 지역을 가장 흔히 일컫는 지명)로 최초의 예비조사를 하러 갔을 당시 도우 동고인의 대부분은 이슬람교나 그리스도교를 받아들인 상태였다—이곳 로마가톨릭 선교사의 표현에 따르면 "여기 사람들은 70퍼센트가 무슬림, 30퍼센트가 가톨릭 신자이고, 90퍼센트는 '카피르[kaffir, 이교도]'"이긴 했지만 말이다. 종교적 신앙은, 사람들이 분쟁을 해결하는 방식과 더불어 피터가 수행한 현지조사

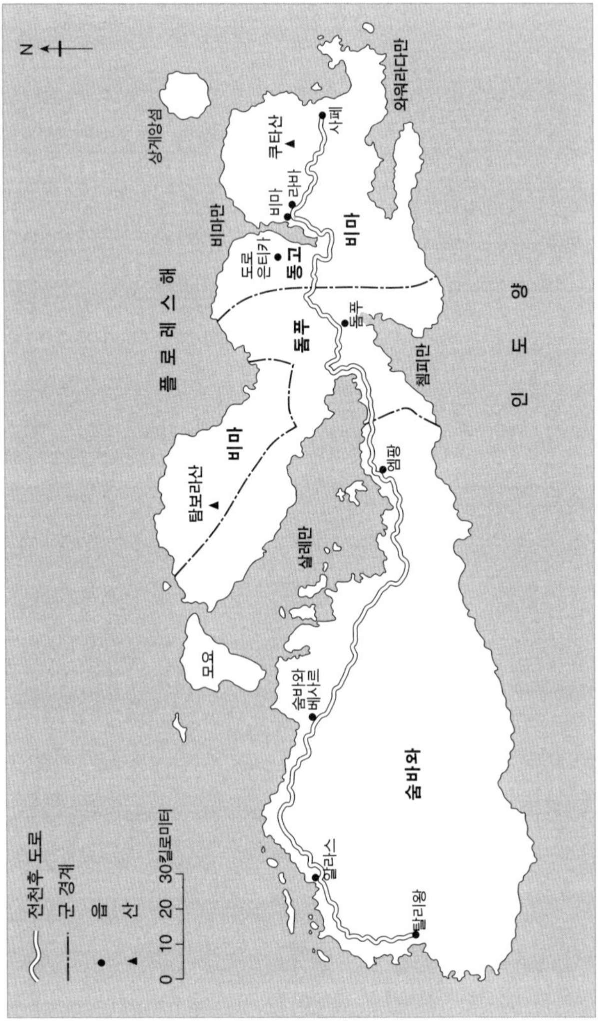
전천후 도로
군 경계
읍
산
0 10 20 30킬로미터
N
상게앙섬
와워라다만
사페
쿠타산
라바
비마
비마만
비마
도로 은티카
동고
플로레스 해
동푸
동푸
쳄피만
인도양
엠팡
탐보라산
비마
살레만
모요
숨바와 베사르
숨바와
알라스
탈리왕

숨바와섬

의 주된 연구 과제가 되었다.

1981년 피터는 아내인 앤과 함께 숨바와로 돌아와 2년간 체류했다. 앤은 무척 듬직한 일꾼이었다. 그들은 도로 은티카라는 부락에 살았는데, 동고의 전통 부락 중에서 가장 오래되고 가장 큰 곳으로, 약 3천 명의 인구가 몇몇 촌락에 걸쳐 거주하고 있었다. 생활 조건은 아주 원시적이어서 수도도 전기도 포장도로도 없었다. 하지만 높이 1.5미터가 넘는 지주 위에 티크 목재로 지어올리고 이엉이나 기와나 양철로 지붕을 얹은 집들은 편안했다. 이 지역 경제는 일종의 과도기를 거치는 중이었다. 예전에 주민들은 벼와 옥수수, 기장을 화전 경작하고 부식으로 바나나, 코코넛, 기타 과일을 재배하면서 산에서 (최상급 꿀을 비롯한!) 식량을 채취하며 상대적으로 자급자족의 생계를 영위했다. 화전 경작은 삼림 지대에 불을 놓고 그 땅을 1~2년 경작한 뒤 숲이 재생하도록 놔두는 식으로 이루어진다. 그러나 인구 밀도가 높아짐에 따라 땅에 가해지는 부하가 커져서 숲이 완전히 재생할 수 없을 정도가 되었고, 넓은 땅이 잡초 덤불에 뒤덮여 지력이 크게 떨어지게 되었다. 도로 은티카의 많은 사람들은 계단식 논에서 수도 경작을 하고 저지대의 시장에 내다팔 땅콩과 콩 같은 환금 작물을 재배하는 방향으로 전환중이었다. 현대 의학의 도입으로 인구가 빠르게 증가하고 있었지만, 말라리아나 결핵, 이질 같은 질병은 특히 부락의 영아와 어린이들에게 여전히 큰 타격을 주었다.

이런 환경에서 생활하는 어려움에도 불구하고, 피터와 앤이 만난 도우 동고인들은 따스하고 친절하며 언제나 장난과 농담을 즐겼다. 다소 짓궂은 면모가 있는 이 부락 수장의 도움으로 피터와 앤은 집 한 채를 빌릴 수 있었고, (당시 이 부락 주민들은 모두 장작불로 조리를 했기에 작은 센세이션을 일으킨 석유 곤로를 비롯하여) 비마 읍내에서 구할 수 있는 비품들을 가지고 이 집에 살림살이를 갖추었다. 도로 은티카는 강 협곡 사이의 높은 산마루 위에 세워진 부락으로, 집들은 협곡의 가파른 사면을 계단식으로 깎아 만든 단 위에 지어져 있었다. 얼마 후 피터와 앤은 조랑말 두 마리를 구해서, 짐을 나르고 강에서 물을 길어오는 용도로 썼다. 또 이따금씩 우편물을 받고 동고에서 구할 수 없는 식량을 보충하기 위해 비마 읍내로 내려갔다. 이곳에 있을 때에는 굉장히 친절한 집주인인 하지 M. 자파르 아민(Haji M. Djafar Amyn)의 가정에 머무르며 저지대 비마인들의 생활 또한 가까이서 관찰할 수 있었다. 피터와 앤은 발리 등 인도네시아의 다른 지역으로 몇 번 휴가를 다녀온 것만 빼고 이곳에서 2년을 살았다. 잊을 수 없는 경험이었다.

존은 멕시코 남부 와하카주의 산티아고 누요(Santiago Nuyoo)군에 사는 미스텍인들 사이에서 주된 현지조사를 수행했다. 가장 길었던 현지조사는 1983년부터 1986년까지였지

멕시코 와하카주

미스테카

만, 그는 이후로도 거의 매년 이곳을 찾았다. 미스텍어 화자는 멕시코에서 세번째로 큰 원주민 집단으로, 40만 명이 약간 넘는다. 16세기에 미스텍인은 수십 개의 소왕국으로 분열되어 있었고, 그 지배 엘리트들은 신세계에서 가장 세련된 예술 전통 중 하나를 육성했다. 미스텍어로 쓰인 방대한 문헌이 현재까지 남아 있고 또 미스텍어 필경사들이 스페인의 정복 이후에도 거의 80년간 계속해서 토착 문자로 된 문헌을 생산해냈기 때문에, 우리는 스페인의 정복 이전 미스텍인들의 생활에 대해 상당히 많이 알고 있다. 스페인의 정복 이후 아메리카 대륙 전역의 수백만 원주민이 구대륙의 질병과 식민주의자들의 학대에 쓰러지면서 미스텍인 또한 재앙에 가까운 인구 붕괴를 겪었다. 미스텍인 인구가 16세기 이후로 증가하긴 했지만, 아직까지도 스페인인이 도래하기 이전의 규모로는 회복되지 못했다.

미스테카 지방은 미스텍어 화자들과 다른 몇몇 원주민 집단, 그리고 메스티소 및 아프리카계 멕시코인 공동체가 공유하는 보금자리로, 광대한 해안 사바나, 열대우림, 소나무 숲이 우거진 높은 산들, 비옥한 강 둔치, 건조한 사막 등 다채로운 생태를 지녔다. 미스텍인은 이 경관 전체에 흩어져서 소도시와 부락에 거주한다. 존이 현지조사의 대부분을 수행한 산티아고 누요군은 인구가 약 3000명으로 주민의 약 4분의 1은

읍내 중심지에 살고 나머지는 다섯 개 촌락에 분산되어 있다. 누요군과 인근 산타마리아 유쿠이티(Santa Maria Yucuhiti)군은 아름다운 폭포들이 사면으로 흘러내리는 좁은 협곡의 초입에 자리잡고 있다. 이곳의 경관은 기복이 대단히 심하고 평평한 땅뙈기가 거의 없다(누요테코인들은 헤어질 때 '넘어지지 말라'는 당부를 흔히 인사말 대신으로 쓴다). 하지만 비교적 낮은 고도와 풍부한 강수량 덕분에 이 지역은 '미스테카의 정원'이라는 별명으로 알려져 있다. 오렌지와 망고, 사포테가 자생하며 희귀한 난초들이 나무에 매달려 있고 주위의 산들은 소나무 숲으로 무성하다. 누요테코인들은 옥수수 재배의 전문가이며, 거의 모든 옥수수는 화전 기술로 경작한다. 또 이들은 환금 작물, 주로 바나나와 커피도 재배한다. 임금 노동을 위한 이주는 수백 년간 미스텍인들의 삶에서 피할 수 없는 현실이었지만, 1950년대부터는 미스테카를 떠나는 누요테코인들의 수가 현저히 늘어났다. 처음에는 커피와 기타 작물을 수확하는 일용 노동을 하러 베라크루스와 모렐로스로 갔지만, 1960년대에는 빵집, 공장, 서비스 부문에서 일하기 위해 멕시코시티로 올라가기 시작했고, 급기야 1980년대 말에는 몇몇 사람들이 미국으로 건너가 텍사스의 대농장에서 일자리를 구하기에 이르렀다. 존의 연구는 누요테코인들이 이런 변화와 이주에 직면하면서도 어떻게 강한 공동체 의식을 유지하는지에 초점을 맞추었다.

존의 아내인 고고학자 로라 융커는 현지조사 초기에는 같이 살지 않았지만(그녀는 인류학 박사학위과정을 밟는 중이었다), 누요에서 몇 개월을 함께 보냈다. 나중에 자녀들이 태어난 뒤에는 온 가족이 함께 미스테카를 찾았다. 도우 동고인들과 마찬가지로 미스텍인들도 농담을 즐긴다. 멕시코 원주민을 하나같이 엄숙하거나 단호하거나 어리벙벙한 면면으로 묘사한 포토 에세이들이 많지만, 자기들끼리 있을 때의 누요테코인들은 알고 보면 대단한 장난꾸러기이자 완곡어법의 달인들이다. 존이 비로소 그들에 대해 감을 잡았다는 확신이 든 계기는 이러했다. 어느 날 존 부부는 읍내 밖에서 길을 가다가 한 무리의 남자들을 마주쳤다. 존 부부는 마을 사람들을 위해 잔치를 준비중이었는데 그들은 이 잔치에 무슨 음식이 나오느냐고 물었다. 존과 로라는 가장 좋은 고기를 대접할 여유가 있었지만, 동시에 그들은 괴상한 입맛을 지닌 외지인이기도 했다. 존은 용케도 이렇게 대답했다. "비루먹은 개나 한두어 마리 잡으려고요." 그의 표정에 별다른 변화가 없어서 잠깐 정적이 흘렀지만, 이내 남자들 모두가 폭소를 터뜨렸다. 존이 미스텍인에 대해 알게 된 것 중 많은 부분은 페레스 사라비아(Pérez Sarabia), 페레스 페레스(Pérez Pérez), 모데스토 벨라스코(Modesto Velasco) 가족 덕택이다. 그들은 존을 거두어 한집에

1. 미스테카 알타의 울퉁불퉁한 지형. 멀리 고고학 유적과 유쿠이타 읍내가 보인다. 유쿠이타는 아메리카 대륙을 통틀어 가장 오래 전부터 지속적으로 사람이 거주해온 곳으로, 그 역사는 BC 1350년까지 거슬러올라간다.

2. 이른 아침에 부엌에서 옥수수를 빻고 있는 페레스 사라비아 가족의 냐뉴 에스페란사 사라비아(Ñañuu Esperanza Sarabia). '냐뉴'는 '공동체의 어머니'라는 뜻으로, 남편과 더불어 마을 행정에서 중요한 공민적 · 종교적 직무를 수행해온 여성에게 부여되는 칭호다.

살게 해주었고, 자녀 중 한 명의 대부가 되어달라고 청함으로써 그를 친척으로 받아들였다.

현대 인류학 연구의 광범위함과 복잡성을 제대로 다루려면 아주 짧은 소개는 고사하고 그냥 짧은 소개로도 턱없이 모자랄 것이다. 20세기 말 영국 왕립인류학연구소(Royal Anthropological Institute)의 회원 수는 2300명이었고, 미국인류학회(American Anthropological Association)의 회원 수는 1만 1000명이 넘었다. 프랑스 또한 풍부하고도 대단히 영향력 있는 인류학 학파의 본거지다. 하지만 라틴아메리카와 구 유럽 식민지—주로 인도와 뉴기니—의 인류학이 보이고 있는 성장이야말로 가장 눈부신 변화일 것이다. 오스트레일리아와 일본 같은 선진국들은 물론이고, 이제 이 나라들도 나름의 지적 전통과 연구 의제를 발전시키기 시작했다. 인류학은 이 인류학자들이 취하는 모든 관점과 프로젝트를 포괄하기 시작했지만, 여기서 그 전체적인 조망을 제시할 수는 없다. 대신에 우리는 이 아주 짧은 소개에서, 이 학문이 시작된 이래로 인류학자들의 주의를 사로잡아온 '큰' 질문에 집중하려 했다. 인간의 독특한 점은 무엇인가? 인간 집단—가족, 계급, 부족, 국가—은 어떻게 형성되며 무엇이 그들을 하나로 묶는가? 신앙, 경제 교류, 자아의 본질은 무엇인가? 우리는 이런 것들을 어떻게 연구하고 이해해야 할까? 또 우리는 오늘날 인류학 이론의—이 책이 나오자마자 구식이 될 것이 틀림없는—'첨단'을 맛보여주기보다는 이 학문의 뿌리에 해당하는 개념들과 모든 인류학자가 지적 조상으로서 공유하는 사상가들을 알려주기로 했다.

첫째 장에서는 인류학자가 무슨 일을 하는지 설명하면서 인류학을 소개할 것이다. 이어지는 두 장에서는 인류학의 두 가지 개념적 지주인 문화(전통적으로 미국 인류학의 관심사)와 사회(전통적으로 영국 인류학의 관심사)를 들여다볼 것이다. 그 다음 두 장에서는 인간이 사회적 유대를 형성하는 가장 기본적인 방식을 먼저 혈연 및 결혼 유대를 통해, 다음으로 부족·종족 집단 및 국가 등 더 큰 사회 집단을 통해 살펴본다. 마지막 세 장에서는 경제, 종교, 정체성이라는 문제—예로부터 인류학자들을 사로잡아왔으며 우리가 보기에 가장 흥미로운 고전적 연구들이 행해진 주제—를 간단히 살펴본다. 우리는 여러 흥미진진한 하위 분야—이중 극히 일부분만 들자면 의료인류학, 법인류학, 과학기술인류학 등—를 생략할 수밖에 없었다. 이중 어느 한 분야만 뽑아도 아주 짧은 개설서 한 권의 주제가 될 수 있을 것이다. 그런 점에서 볼 때 이 책은 아주 넓은 문을 찔끔 연 것에 불과하며, 모쪼록 이 책이 더 많은 탐구를 위한 자극제가 되길 바란다.

제 I 장

동고에서의 다툼: 현지조사와 민족지

자주 하는 말이지만, 인류학이 **무엇인지**를 이해하고자 한다면 인류학자가 무엇을 **하는지** 들여다보아야 한다. 인류학자가 하는 일은 다른 무엇보다도 **민족지**(ethnography)다. 문화인류학자나 사회인류학자에게 민족지란 생물학자의 실험실 연구, 역사학자의 문헌조사, 사회학자의 설문조사와도 같다. 흔히—완벽히 정확한 용어는 아니지만—'참여관찰(participatory observation)'이라고도 불리는 민족지는, 사람들이 무엇을 하는지를 이해하려면 그들과 장기간에 걸쳐 긴밀히 상호작용하면서 관찰하는 것이 최선이라는 명백히 단순한 개념에 토대를 두고 있다. 전통적으로 인류학자들이 자기가 연구하는 공동체 안에서 장기간—때로는 한 번에 몇 년씩—거주하며 그 사람들과 최대한 많은 생활을 공유하는 것은 바로 이 때문이다. 이러한 접근 방식은 우리 학문 분야를 정의하고 다른 사회과학과 구분해왔다. 물론 우리가 설문지나 양적 행동 데이터 수집 등 다른 학문 분야의 특징적 방법론들을 무시하는 것은 전혀 아니다. 하지만 오래전부터 인류학자들은, 인간에 대한 연구에 이런 식으로 접근하는 것은 특히 연구 대상이 외국 사회나 낯선 사회의 구성원일 경우 그들에 대한 불완전한—심지어는 잘못된—이해를 초래할 가능성이 높다고 여겨왔다.

현지조사는 인류학이라는 모험에 크나큰 낭만을 부여한다고 말할 수 있을 것이다. 적어도 우리 둘 중 한 명은 확실히 현지조사의 매력에 끌려서 인류학을 택했다. 오늘날 인류학자들은 도심의 TV 방송국, 소도시의 지방법원, 기업 이사회, 교외 지역의 중산층 교회 등 별로 이국적이지 않은 환경에서도 현지조사를 수행한다. 하지만 이 직종이 태동하던 시기의 인류학은 소위 '미개' 사회, 즉 사회 제도가 상당히 제한적이고 단순하며(알고 보면 전혀 그렇지 않지만!) 거의 모든 사회적 상호작용이 맞대면으로 행해지는, 상대적으로 규모가 작은 비서구 공동체에 집중한다는 점에서 뚜렷이 구분되었다. 이런 사회에서 인류학자는 '현대'(즉 서구) 사회의 복잡성과 대비되는 '초보적(elementary)' 사회 작동을 단순화된 양상으로 관찰할 수 있다고 여겨졌다. 또 인류학자들 사이에서는 이런 소규모 사회가 대변하는 생활 방식이 급속히 소멸하고 있다는 인식이 있었고, 그중 다수는 문자가 없었으므로 후세를 위해 기록을 보존하는 것이 급선무였다. 이러한 학문의 지향성, 그리고 참여관찰을 통해 민족지 자료를 직접 수집하는 데 전념했던 초창기의 경향은 인류학자들을 지구상에서 가장 이국적이고 외딴 장소들로 이끌었다. 흔히 다른 서구인들로부터 고립된 채 혼자 일했던 민족지학자들은 실로 대담한 인물들이었다. 이런 고립은 특히 현지조사의 초기 단계에는 소외감과 고독감을 불러일으키곤 했다. 그러나 거의 모든 인류학자들은 결국 자신을 받아준 공동체의 문화에 다소간 동화되었다. 그중 몇몇은 '현지인이 되는' 경지에까지 이르기도 했다—현지의 생활 방식을 완전히 체화하여 다시는 고국으로 돌아오지 않았다—고도 한다. 전체적으로 볼 때 현지조사에 몰입하는 과정은 사람들을 꾸준히 인류학으로 끌어들이는 독특한 경험이자 도전일 수 있다. 또한 참여관찰은 타인들이 세상을 보고 세상과 상호작용하는 방식을 깊이 이해하며 흔히 우리 자신의 선입견과 믿음에 제동을 거는 가장 효과적인 방법인 것 같다.

우리는 인류학자가 어떻게 일하는지뿐만 아니라 인류학이라는 학문 분야가 어떤 면에서 독특한지를 보여주는 한 가지 일화로 논의를 시작하겠다. 이 일화는 피터가 도우 동고인들과 함께 현지조사를 하던 도중 법인류학에 관심을 가지게 된 계기이기도 했다.

어느 날 밤, 나는 현지조사를 수행중이던 마을인 도로 은티카의 한 친구네 집에 앉아 있었다. 그때 친구의 친척 한 명이 방안으로 뛰어들어오더니, 자기 형수인 이나 모네라는 여성이 라 닌데라는 젊은 남성에게 폭행당했다고 소리 질렀다. 우리는 무슨 일인지 보려고 이나 모네의 집으로 달려갔다. 이나 모네는 라 닌데가 때렸다고 하는 얼굴 한쪽 부위에 고약을 붙인 채 방바닥에 주저앉아 있었다. 또 그녀는 자기가 입고 있던 셔츠가 폭행으로 찢어진 것도 보여주었다. 잔뜩 화가 난 그녀의 남자 친척들은 '창을 꺼내고 단검을 갈자'며 라 닌데에게 당장 복수하러 달려갈 기세였다. 하지만 마을의 주요 원로 중 한 명인 아마 티페가 집에 들러, 자기가 도로 은티카의 다른 원로들과 함께 재판을 열어서 전통에 따라 응분의 판결을 내리겠다고 우리를 다독이며 모두를 진정시켰다. 다음날 아침 정말로 재판이 열렸다. 라 닌데는 마을 사람들 대부분이 지켜보는 가운데 원로들 앞에 불려갔다. 이나 모네는 약을 바른 얼굴과 찢어진 셔츠를 증거로 들어 보였다. 라 닌데는 그녀에게 소리를 지른 것은 인정했지만 손을 댄 것은 부인했다. 한바탕 떠들썩한 소동이 펼쳐졌다. 아마 판치를 위시한 재판관들은 라 닌데를 질타한 끝에 자백을 이끌어내고, 그에게 소액의 벌금을 부과한 뒤 이나 모네 앞에 무릎 꿇고 용서를 빌도

3. 아마 티페. 아마 티페는 마을의 연장자로서 이나 모네의 친족들이 원로단의 공정한 재판을 받을 수 있게 해주었다. 아마 티페는 판사로서도 뛰어났지만 숙련된 치료사이자 의례 전문가이기도 했다.

록 했다. 그녀는 상징적인 뜻으로 그의 머리를 살짝 한 대 때렸고, 그는 곧 풀려났다.

그 일이 있은 오후에 나는 친구와 잡담을 나누면서 이렇게 말했다. "라 닌데가 이나 모네를 그런 식으로 폭행하다니 너무 심하지 않아?" 그는 대답했다. "그래. 그런데 사실 라 닌데는 이나 모네를 때리지 않았어." 나는 깜짝 놀라서 물었다. "셔츠가 찢어지고 얼굴이 그렇게 됐는데?" 그가 말했다. "셔츠야 아무나 찢으면 그만이고, 고약 밑에 뭐가 있는지 누가 알아." 나는 큰 충격을 받았다. "그렇다면 라 닌데는 죄가 없다는 거잖아. 그런데 이러면 너무 불공평하지 않아?" 그가 대답했다. "아니지, 실제로 일어난 일보다는 재판에서 그에게 물은 죄가 더 진실에 가깝지." 그러고서 그는 나만 빼고 마을 사람 모두가 줄곧 알고 있던 사실을 들려주었다. 라 피아라는 젊은 여성이 한 젊은이와 약혼했는데, 현재 약혼자가 도로 은티카에 부재중이었다. 이나 모네는 라 닌데가 라 피아의 주변을 맴도는 것을 보고 라 닌데의 어머니에게 불만을 토로했다. 이에 어머니가 라 닌데를 꾸짖자, 자기를 고자질한 데 화가 난 라 닌데는 이나 모네의 집으로 가서 그녀를 위협했지만—이는 예의에 심각하게 어긋난 짓이었다—실제로 폭행하지는 않았다는 것이다.

이 이야기는 실제 세계에서 민족지학자가 목격한 실제 사건을 들려준다. 역사학자나 사회학자라면 이 사건을 어떻게 기록했을까? 우선, 주로 문헌이나 재판 기록을 가지고 작업하는 역사학자의 입장에서 라 닌데의 이나 모네 폭행 사건은 전혀 눈에 띄지 않을 것이다. 도우 동고인은 마을 원로들이 중재한 분쟁에 대해 기록을 남기지 않으므로, 이 사건을 비롯한 절대 다수의 사건은 문헌을 다루는 역사학자가 접근할 수 있는 형태로 드러나지 않을 것이다. 또 일단 해결된 분쟁에 대해서는 재론을 삼가는 것이 도우 동고인의 관습이므로, 심지어 인류학자의 민족지적 방법론을 채택하여 구술사를 받아 적는 역사학자라 할지라도 이 사건에 접근하기는 힘들 것이다. 피터가 이 사건을 기록하고 그 의미를 탐색할 수 있었던 것은 어디까지나 당시 다툼이 벌어진 현장에 그가 있었기 때문이다.

사회학자나 범죄학자들의 눈에는 이 사건이 어떻게 비칠까? 민족지적 방법론을 능숙하게 구사하는 사회학자나 범죄학자도 일부 있지만 서베이, 설문지, 공식 통계 분석에 의존하는 경우가 훨씬 더 많다. 이 경우에도 공식 통계에 의존하는 이들의 눈에 이 사건은 전혀 보이지 않는다. 공동체 내 분쟁에 대해 사회학자가 수행하는 서베이에서 라 닌데의 '폭행'이 하나의 '데이터 포인트(data point)'로 드러날 수는 있겠다. 하지만 피상적인 증거 너머를 꿰뚫어 보거나, 더 중요하게는 라 닌데가 저지르지 않고서 값을 치른 죄상이 '실제로 일어난 일보다 더 진실에 가깝다'는 관념을 포착할 수 있을 정도로 정교하게 서베이가 설계될 것 같지는 않다. 이 사건이 공식적으로 **기록되었다** 할지라도, 이 자료에 의존하는 연구자는(그가 인류학자라 하더라도) 아마 라 닌데 사건을 단순 폭행 사건으로 취급할 것이고, 이는 도우 동고 사회에 대한 (잘못된 결론은 아니더라도) 심각하게 미비한 결론으로 이어질 것이다.

그러면 이렇게 기술된 사건은 민족지학자에게 어떤 의미를 지닐까? 인류학자는 도우 동고인들이 무엇을 믿고 어떻게 행동하는지 알기 위해 이 사건을 어떻게 분석할까? 첫째로, 많은 질문을 던진 끝에 피터는 이 사건이 폭행과는 거의 무관하며 결혼 제도에 대한 존중과 아주 밀접한 관계가 있다는 사실을 분명히 알게 되었다. 어째서 이나 모네는 라 닌데가 라 피아와 시시덕거리는 것에 대해 그의 어머니에게 불만을 표시했을까? 이나 모네가 약혼, 특히 아마 판치의 가족이 맺은 약혼의 무결성을 보호하는 데 현실적 기득권이 걸려 있었기 때문이다. 왜? 이나 모네의 딸이 아마 판치의 아들과 약혼한 상태였고, 아마 판치의 또다른 아들이 바로 라 피아의 약혼자였기 때문이다!

피터가 얻은 한 가지 교훈은, (적어도 도우 동고인 사이에서 일어나는) 분쟁의 전모는 겉보기와 다르다는 것이었다. '폭행' 사건이 실은 '간통' 사건일 수도 있는 것이다. 무엇보다도 피터는 이 사건을 처음부터 현장에서 목격했다. 그가 이 마을에서 거의 2년을 거주하지 않았다면 불가능했을 일이다. 특이하고 흔치 않은 사건을 관찰할 수 있다는 것은 민족지적 방법의 주된 강점 중 하나다. 또한 피터가 문제의 사건을 그 발생 시점부터 관찰할 수 있었던 것은 단지 도로 은티카에 장기간 거주했기 때문만이 아니라, 그곳에 하루 24시간 내내 머무르며 공동체의 일원으로서 살았기 때문이기도 하다. 이 사건이 그의 시야에 들어온 것은 그가 분쟁이나 약혼에 대한 정보를 캐고 있었기 때문이 아니라, 그냥 어쩌다보니 통상적인 '근무 시간'이 끝난 지 한참이 지나서까지 이웃집에서 친구들과 잡담을 나누고 있었던 덕분이다. 민족지적 방법은 이런 뜻밖의 발견이 가능하다는 점에서, 서베이나 통계 조사 같은 고도로 연역적인 사회과학 방법론에서는 기대할 수 없는 힘과 유연성을 지닌다. 실제로 인류학자들은 애초에 예상치 않았던 주제에 대해 중요한 연구를 하게 되는 일이 많다. 우리가 현장으로 가지고 들어가는 연구 주제들이 있는 반면에, 현장의 실제 상황과 일상적 사건들이 우리 앞에 우연찮게 떨구어놓는 주제들도 있다. 인도네시아로 출발할 때만 해도 피터는 분쟁 해결을 연구할 의도가 없었지만, 그날 저녁에 맞닥뜨린 연구 기회를 무시해버릴 수도 없었다. 민족지에서 뜻하지 않은 발견의 임의적 성격은 훌륭한 민족지학자가 현장에서 보내는 시간의

4. 도우 동고족의 재판관인 아마 발로. 그 역시 도우 동고족의 원로 중 한 명으로서 분쟁 해결에 참여하고 있다. 많은 소규모 사회가 그렇듯이 도우 동고인의 분쟁 해결 또한 유/무죄 판결로 한쪽의 손을 일방적으로 들어주기보다는 파열된 사회관계의 회복과 합의를 강조한다.

길이를 통해 보완할 수 있다. 그래서 조사가 끝날 무렵에는 이렇게 우연한 방식으로 대부분의 중요한 사회 현상을 접하게 되리라고 기대할 수 있다.

도로 은티카의 일상생활에 장기간 노출된 덕분에, 피터는 사건의 겉모습 뒷면을 들여다보아야 하며 이 사회에서는 약혼자의 정절과 같은 문제가 민감하고 심지어는 폭발적인 주제임을 깨닫게 되었다. 다시 말해서, 피터는 이 공동체에서 1년 넘게 거주한 후에야 이 사건의 전모를 풍부하고 미묘한 맥락에 놓고 볼 수 있게 되었다. 민족지 현지조사가 제공하는 경험적 맥락이 없이는, 사회적 사건의 외견과 그 '실체' 사이의 불일치를 포착하기란 거의 불가능하다. 이는 인류학자들이 자신의 연구에서 통찰을 이끌어내기 위해 전통적으로 의존해온 강점 중 하나이자, 전통적인 민족지 현지조사가 장기간—흔히 2년까지—의 초기 조사를 중시하는 이유이기도 하다. 나아가, 피터는 마을에 오래 거주하며 신뢰 관계를 쌓아서 사람들이 그에게 기꺼이 속마음을 털어놓고 사건과 그 겉모습 뒷면의 동기를 설명해준 덕분에 사건의 '실체'를 알아낼 수 있었다. 또 마을 사람들과 장기간 우호적 관계를 유지한—때로는 친구가 된—덕분에, 피터는 피상적 수준을 넘어선 질문을 끈질기게 던지고 그렇게 해서 받은 답변의 내용을 평가할 수 있었다.

이 사건의 교훈에서 인류학자는 어떤 함의를 이끌어낼 수 있을까? 모든 민족지 기술은 적어도 암묵적인 차원에서 문화 상호 간의 비교에 참여하며, 이러한 비교 또한 인류학자들이 수행하는 일이다. 인류학은 특정 지역의 믿음과 관습에 대한 기술을 보편적이고 범인류적으로 의미 있는 범주들과 연관시키는 데 오랫동안 매진해왔다. 라 닌데 사건을 목격한 뒤, 피터는 '증거'라든지 '법적 책임'과 같은 법적 범주에 대한 자신의 이해를 재검토하고 '정의'라는 관념 자체의 보편성에 의문을 제기할 수밖에 없었다. 이나 모네가 제시한 물적 증거가 허위임을 마을 사람들이 사실상 모두 알면서도 이를 받아들였다는 건 무슨 뜻일까? 라 닌데가 실제로 저지른 행동이 아니라 **저질렀는지 어쨌는지 모르는** 행동에 대한 벌을 받고도 마을 사람들이 그를 허위 주장이나 불의의 희생자로 인식하지 않았다면, 이는 법적 책임과 윤리적 책임에 대한 우리의 이해에 무엇을 시사하는가? 증거와 법적 책임을 이런 식으로 다룰 수 있다면, 정의가 인류 전체에 띠는 의미를 구축하려는 우리의 노력은 무슨 의미가 있는가? 인류학이 사회과학으로서 지니는 가치의 많은 부분이 이렇게 특수한 것과 일반적인 것, 국지적인 것과 보편적인 것 사이의 상호작용에서 나온다. 우리는 전세계 사람들의 '관습과 풍속(customs and manners)'을 기록하는 데 종사할 뿐만 아니라, 현지의 지식에 대한 우리의 이해를 가지고 인간이란 무엇인가에 대한 보다 보편적인 이해에 부단히 영향을 끼치고 있기 때문이다. 이 과정에 대해서는 다음 장에서 좀더 이야기할 것이다.

현지조사의 전략과 실제

어떤 사회가 되었건, 그 문화에 대한 진정으로 종합적인 기술은 연구자 100명의 역량으로도 확실히 어림없는 일이다. 민족지학자는 사회생활의 어떤 특정한 측면을 연구할 의도를 가지고 현지에 간다. 그 주제는 생태적 적응, 토착 신앙, 성별 관계, 풀뿌리 정치 운동에 이르기까지 다양하다(글상자 참조). 민족지학자는 준비 없이 모험에 뛰어들지 않는다. 민족지학자가 알아야 할 것은 그들이 수행하는 연구만큼이나 다양하고 변화무쌍하다. 대부분의 인류학자는 자신이 현지조사를 하려는 지역의 역사와 과거 민족지 문헌을 몇 년씩 공부하면서 준비를 시작한다. 인류학자들은 자신이 연구하는 사람들의 언어로 통역 없이 현지조사를 수행하는 것을 의무로 여겨왔으므로, 민족지학자 또한 몇 개 언어를 최소한 통용 가능한 수준으로 구사할 필요가 있다. 이런 일반적인 준비 외에도, 민족지학자는 자신이 조사하고자 하는 문제와 관련된 보다 전문적인 분야의 훈련을 받곤 한다. 예를 들어 아마존 원주민의 약용 식물을 조사하려는 연구자는 통상적인 식물학도 공부해야 하지만, 세계 각지의 사람들이 식물을 얼마나 다양한 방식으로 분류하고 이용하는지도 익혀야 한다. 인류학자는 항상 어떤 지역의, 무엇에 대한 인류학자다. 예컨대 존은 종교인류학자이자 중앙아메리카 연구자다. 피터는 법인류학자이자 동남아시아 연구자다.

민족지학자의 첫째 과제는 공동체에 정착하는 것이다. 이 과정은 흔히 길고도 어려우며, 그사이에 적잖은 프로젝트가 수포로 돌아가기 일쑤다. 또 일단 연구비를 확보한 다음에는 대개의 경우 크고 작은 정부 부처, 현지 연구 기관, 현지 공동체로부터 갖가지 허가를 받아야 한다. 민족지학자가 현지에 발을 들이기도 전에 이런 절차를 밟는 데만 1년 넘게 걸릴 수도 있다. 어느 대기업 본사에서 연구 프로젝트를 수행한 한 동료는, 빌딩에 들어가서 누구와 말 한 마디 나눠보기도 전에 먼저 그 회사의 변호사들에게 연구 제안서를 검토받아야 했다. 민족지학자가 현지에 도착한 뒤에는 낯선 지역에 이사 온 사람이 흔히 겪는 문제들—언어에 익숙지 않아서 생기는 문제들, 고향에서는 익숙했던 전기나 상하수도, 의료 · 뉴스 · 오락 접근성 등의 편의 부족으로 겪는 일상적 난관들—에 직면한다. 유럽과 북미의 도시나 교외에서 작업하는 인류학자들도 많지만, 이런 경우에는 또다른 성격의 난관이 기다린다. 우리 중 누구도 스패니시 할렘의 마약 중독자들이나 필라델피아 다국적 기업의 중역을 연구한 동료들과 역할을 바꾸고 싶어하지는 않을 것이다.

민족지학자는 보다 미묘한 어려움에도 직면한다. 현지의 권력자들이 민족지학자를 자기네 파벌 싸움의 경품이나 앞잡이로 써먹으려 들기도 한다. 공동체의 성원이 민족지학자가 해줄 수 있는 일을 실제보다 부풀려서 생각하거나, 수용할 수 없

민족지 여섯 편

인류학자들이 연구하는 사람과 장소의 범위에 대해 감을 잡는데 도움을 주려고, 여기에 민족지 여섯 편의 제목과 간단한 설명을 특별한 순서 없이 열거한다.

준 내시(June Nash), 『우리는 광산을 먹고 광산은 우리를 먹는다We Eat the Mines and the Mines Eat Us』 — 볼리비아 주석 광부들과 초국적 경제 과정이 그들의 삶에 끼치는 영향을 서술한 책(1979).

샤론 트래위크(Sharon Traweek), 『빔타임과 라이프타임Beamtimes and Lifetimes』 — 고에너지 물리학자들의 세계를 기술한 책(1988).

빈센트 크라판자노(Vincent Crapanzano), 『투하미: 한 모로코인의 초상Tuhami: Portrait of a Moroccan』 — '자신이 낙타의 발을 가

진 여자 악마와 결혼했다고 믿는, 모로코 타일 공장의 문맹 노동자'와 만난 이야기를 서술한 민족지적 생애사(1980).

애나 칭(Anna Tsing), 『다이아몬드 여왕의 왕국에서In the Realm of the Diamond Queen』 — 보르네오섬의 한 원주민 부족을 인도네시아 국가 및 '근대화'의 글로벌 정치와 연결하는 정치적 · 문화적 주변성에 대한 연구(1993).

마이클 F. 브라운(Michael F. Brown), 『접신 구역: 한 불안한 시대의 미국적 영성The Channeling Zone: American Spirituality in an Anxious Age』 — 뉴에이지 '영매(channeller)'들의 삶과 경험, 또 현대 미국의 영적 삶에서 그들이 차지하는 위치에 대한 매혹적인 관찰기(1997).

가나나트 오베예세케레(Gananath Obeyesekere), 『메두사의 머리카락Medusa's Hair』 — 황홀경에 빠지는 스리랑카 남녀 사제의 '개인적 상징과 종교적 경험'에 정신분석적 통찰을 적용한 연구(1981).

는 요구를 끈덕지게 해올 수도 있다. 또한 민족지학자는 새로운 친구를 사귀는 큰 기쁨과 더불어 다른 곳에선 절대로 보거나 시도할 수 없었을 일을 보거나 시도하는 짜릿한 경험을 자주 누린다. 일상적 경험으로서의 현지조사는 감정의 극과 극을 오가는 경험이 되곤 한다. 실제로 민족지를 수행하는 이러한 과정의 핵심에는 참여관찰이 있다. 공동체의 성원과 어울려 그들과 똑같이 살아갈 때 민족지학자가 정착에 성공할 가능성이 가장 크다.

대화는 민족지의 중추다. 인류학자는 정보를 이끌어내고 기록하기 위해 다양한 기법을 활용하지만 그중에 가장 중요한 것이 인터뷰다. 인터뷰는 원주민 전문가와 나누는 고도로 구조화된 질의응답에서부터 생애사 기록, 비공식적 대화, 뜻하지 않게 만나 우연히 나눈 잡담에 이르기까지 다양한 형태를 취할 수 있다. 궁극적으로 민족지 성공의 핵심은 바로 **현장에 있는 것**(being there), 즉 언제라도 관찰할 수 있고, 사건의 추이를 따라갈 수 있고, 우연히 벌어진 사건을 활용할 수 있는 자리에 머무르는 것이다. 민족지학자는 인터뷰나 대화처럼 단순해 보이는 기법 외에도 보다 전문적인 기법들을 다양하게 활용한다. 발화나 음악의 녹음, 사진, 영상, 그림, 가계도, 지도, 인구조사, 문헌조사, 물질문화의 수집, 식물 및 자연물 표본 수집, 이 모두가 구체적인 연구 프로젝트의 성격에 따라 이용 가치가 있다.

현지를 떠나는 것은 현지에 들어가는 것만큼이나 힘겨운 일이 될 수 있다. 공동체에 정착하는 데 쏟아부은 노력을 생각할 때, 친구들 그리고 이제는 친숙해진 생활 방식과 이별하는 것은 가슴 찢어지는 경험이다. 지적인 차원에서는 자신이 연구 과제를 진정 완료한 것인가에 대한 걱정—대개는 타당한 걱정—에 시달린다. 어느 의미에서 보면, 그 어떤 민족지 연구 프로젝트도 진정으로 완료될 수 없다. 추가로 배우거나 이해의 시공간적 범위를 확장하거나 그 이해의 세부를 정교화할 여지는 언제든지 있기 때문이다. 다음 절에서 좀더 자세히 논의할 인식론적 우려들도 떠나는 민족지학자를 괴롭히곤 한다. 그럼에도 뭔가를 완료했다는 느낌이 들 때도 있다. 지금 생각나는 것은, 피터가 이제 친구가 된 도로 은티카의 주요 원로 중 한 명을 상대로 특별히 복잡한 어떤 분쟁을 나름대로 분석해서 들려주었던 일이다. 그 친구는 껄껄 웃더니 그의 허벅지를 치며 이렇게 말했다. "자네는 여기 일이 어떻게 돌아가는지 제대로 아는군! 지난 2년이 헛수고가 아니었어!"

민족지 현지조사에 대한 비판들

민족지 현지조사의 온갖 장점에도 불구하고, 우리는 이것이 모든 사회과학 연구 방법을 통틀어 최선이라든지 참여관찰이 인류학자가 활용하는 유일한 방법이라는 인상을 주고 싶지는 않다. 현지조사는 상당한 방법론적 · 인식론적 문제들을 수반한다. 또한 현지조사는 독특한 윤리적 딜레마를 유발하기도 한다.

고전적 민족지 연구의 강점 자체가 때로는 약점이 되기도 한다. 참여관찰의 문제는 무엇보다도 민족지학자가 공동체를 일종의 시공간적으로 고립된 모습으로 재현하고픈 유혹에 빠진다는 것이었다. 특히 1930~40년대의 '고전적' 기술에서 많은 민족지학자들은 '민족지적 현재(ethnographic present)'라는 것을 적용하여, 공동체와 이웃한 다른 사회나 그것을 둘러싼 국가의 존재를 언급하지 않은 채, 공동체가 마치 정지된 시간 속에, 역사적 맥락의 외부에 존재하는 것처럼 묘사했다. 예를

민족지 여섯 편 더

마릴린 스트라던(Marilyn Strathern), 『자연 이후After Nature』 — 파푸아뉴기니의 성별과 교환에 대한 연구로 찬사를 받은 바 있는 저자가 20세기 영국의 친족으로 주제를 전환하여 수행한 연구(1992).

앨런 샌드스트럼(Alan Sandstrom), 『옥수수는 우리의 피Corn Is Our Blood』 — 나후아(아즈텍)인의 신앙과 종족 정체성의 관계를 검토한 책(1991).

레베카 프렌치(Rebecca French), 『황금 멍에The Golden Yoke』 — 변호사이자 인류학자인 저자가 불교 우주론과 티베트 전통 법률 체계의 관계를 탁월하게 설명한 책(1995).

리자 돌비(Liza Dalby), 『게이샤Geisha』 — 일본 교토에서 게이샤 수업을 받은 저자의 흥미진진한 '화류계' 관찰기(1983).

타냐 루어먼(Tanya Luhrman), 『마법의 설득력Persuasions of the Witch's Craft』— 현대 영국에 존재하는 마녀와 마법사의 세계를 파고들어 현대 사회의 맥락에서 그들의 믿음이 갖는 함의를 탐색한 책(1989).

워드 킬러(Ward Keeler), 『자바인의 그림자극, 자바인의 자아Javanese Shadow Plays, Javanese Selves』— 자바의 인형극 공연자와 몇 년간 함께 생활한 저자가 이 오래된 예술 양식과 그 공연자들, 그리고 이것이 현대 문화에서 차지하는 위치에 대해 매혹적으로 서술한 책(1987).

들어 가장 존경받는 고전 중 하나인 레이먼드 퍼스(Raymond Firth)의 『우리, 티코피아인We the Tikopia』은 남태평양 티코피아의 사회 조직과 전통 종교를 기술하면서, 인구의 절반이 최근 그리스도교로 개종한 사실을 언급하지 않았다. 실제로 자기 모험의 낭만에 휩쓸린 인류학자들이 사회의 '훼손되지 않은' 전통을 그 사회의 성원들보다 오히려 더 높이 평가하는 경우도 있다. 퍼스가 그곳에서 산 지 20년 뒤에 우리 친구 중 한 명이 티코피아를 방문했다. 가이드는 옛 종교의 신들에게 바칠 공물을 만들었던 바닷가의 작은 동굴로 내 친구를 안내했다. 오래된 공물 한 개가 놓여 있는 것을 보고 누가 이것을 여기에 놓았느냐고 친구가 묻자, 가이드는 '포시가 놓았다'고 대답했다. 물론 '포시'는 퍼스의 이름을 티코피아식으로 발음한 것이다. 민족지학자들이 자기가 연구하는 사람들의 '타자성'을 낭만화하고픈 유혹을 언제나 쉽게 뿌리칠 수 있는 것은 아니다. '민족지적 현재'에 대한 또다른 비판은 민족지학자들이—마치 자신이 제시하는 정보를 이끌어내는 데 자신이 능동적으로 관여하지 않은 것처럼—전지적 삼인칭 시점으로 글을 쓰는 경향과 관련되어 있다. 싫든 좋든, 지난 10년은 민족지학자가 개인적으로 자료를 수집한 경험의 전달을 자료 자체의 제시만큼이나 중시하는 민족지 장르가 부상한 시기였다.

비교적 규모가 작은 인간 집단 속에서 장기간에 걸쳐 강도 높게 상호작용하는 참여관찰을 통해, 민족지학자는 공동체 사회생활의 복잡성과 미묘함에 깊숙이 파고들 수 있다. 하지만 이것이 더 큰 사회와 문화를 어떻게 대표할 수 있을까? 피터가 참여관찰만을 근거로 삼았다면, 라 닌데 사건에서 드러난 믿음과 가치가 도우 동고인 사이, 또는 비마 일대나 인도네시아나 동남아시아에서 어느 정도나 보편적인 것인지 알기란 불가능했을 것이다. 이런 문제에 접근할 때, 우리는 민족지 기술의 독특함을 상대적인 시공간적 맥락에 놓아줄 문화 상호 간의 비교가 없으면 민족지는 불완전하다는 사실을 다시금 상기하게 된다. 게다가 역사성과 일반화의 문제를 다룰 때는 인류학자도 역사학, 심리학, 사회학 등 인접 학문의 방법론을 많이 이용한다.

또한 참여관찰로 수집한 데이터의 '객관성'에 대해서도 집요한 의문이 제기된다. 화학자가 샘플을 분석할 때는 분광기를 이용한다. 여느 과학 도구처럼 분광기도 **눈금을 매길** 수 있기 때문에, 과학자는 분광기로 수집한 데이터가 다른 시간과 장소에서 분광기로 수집한 데이터와 비교 가능하다고 합리적으로 확신할 수 있다. 하지만 인류학에서의 데이터 수집 도구는 무엇—아니, 좀더 적절하게 말하자면 누구—일까? 당연히 민족지학자다. 그리고 인간의 눈금을 매기는 일은 분광기의 눈금을 매기는 일보다 훨씬 벅찬 과제다. 민족지학자는 저마다 독특한 양육 및 교육의 산물이며, 여느 인간을 구성하는 갖가지—드러났거나 숨겨진—심리적 소인으로 충만한 독특한 개인이다. 같은 공동체를 연구한 두 인류학자가 전혀 다른 결론을 도출한 악명 높은 사례들도 있다. 그렇다면 우리는 참여관찰의 불가피한 주관성과 자료 수집의 균질성을 향한 열망을 어떻게 조화시킬 것인가? 한마디로 대답하자면, 그럴 수 없다. 또한 관찰자의 편견이라는 고유한 문제점에도 불구하고, 이것이야말로 인류학과 같은 사회과학을 화학과 같은 자연과학과 구분해주는 가장 중요한 요소다.

민족지의 주관성이라는 문제는 극복될 수 있을까? 인류학 특유의 방법론으로서의 참여관찰은 19세기 말 비서구인에 대한 기술의 들쭉날쭉한 신뢰성을 보완하려는 시도에 기원을 두고 있다. W. H. R. 리버스(W. H. R. Rivers)나 브로니스와프 말리노프스키(Bronislaw Malinowski), 프란츠 보아스(Franz Boas) 같은 현대 전문 인류학의 창시자들은 '관습과 풍속'을 기술한 여행담이나 선교사 보고서나 식민 정부의 공식 기록에 의존하는 데 만족하지 않고 훈련된 관찰자에 의한 민족지 자료의 직접 수집을 강조했다. 그들의 바람은 관찰자의 편견을 충분한 훈련으로 보완하는 것이었다. 영국 왕립인류학연구소에서 발행한 『인류학 현지조사연구편람Notes and Queries on Anthropology』 1951년판은 초심자에게 이렇게 경고했다. "인류학 훈련을 받지 않은 아마추어는…… 자신이 편견에서 자유롭다고 가정하기 쉽지만, 실은 전혀 그렇지 않다. 과학적 훈련을 받지 않은 사람의 관찰은 반드시 선입견의 방해를 받는다." 이 편람과 (예일 대학에 본부를 둔) '인간관계지역파일(Human Relations Area Files, HRAF)'의 『문화자료개요Outline of Cultural Materials』에서 표준화하여 제시한 자료 수집 범주들은, 관찰자의 편견을 극복하고 서로 다른 민족지학자가 수집한 자료들의 비교 가능성을 확보하려는 노력의 일환으로 만들어졌다. 1930년대에 미국의 일부 인류학자들은 자료 수집 도구의 '눈금을 매기려는' 시도로서 현지조사를 떠나기 전에 정신분석을 받기까지 했지만, 이 방법은 곧 폐기되었다.

이런 인식론적 문제를 극복하려는 또다른 주목할 만한 시도로서, 민족지학자 여럿이 조사와 재조사를 거듭하는 방법도 있다. 민족지 자료 수집에 과학적으로 접근하기 위해, 주관성이나 편견을 방지하는 수단으로서 다른 민족지학자들이 이전에 조사했던 공동체에 대한 재조사가 촉진되리라고 여길 수도 있겠다. 하지만 실제로 이런 경우는 매우 드물다. 이는 어느 정도는 '구제 민족지(salvage ethnography)'를 수행해야 한다는 인류학자들 사이의 긴박감에서 기인했다. 많은 이들은 세계 어디서나 소규모 사회와 전통적 생활 방식이 대부분 급속히 소멸중이기 때문에, 이미 수집한 결과를 확인하기보다는 지금껏 연구되지 않은 사회를 기록하는 일이 훨씬 중요하다고 생각했다. 또한 많은 인류학자들이 외롭고 대담한 탐험가의 낭만적 이미지에 이끌려 현지로 들어갔으며, 이전에 연구되지 않았던 곳을 연구한 사람에게는 무언의 민족지적 '텃세권'이 부여되었음을 인정해야겠다. 대체로 민족지학자에게는 '내가 연구한 사람들(my people)'에 대한 그릇되었을지언정 이해할 만한 소유권 의식이 있어서, 이것이 다른 민족지학자의 '영역'을 '침범'하는 일을 매우 힘들게 만들어왔다. 끝으로, 민족지학자가 이전에 연구가 행해졌던 공동체에서 일하더라도 선배들과 정확히 똑같은 이론적 · 민족지적 주제에 관심을 갖고 그 공동체에 접근하는 일은 드물다. 그리고 사회는 급속히 변할 수 있기 때문에, 최초의 조사와 그다음 조사 사이에 불과 몇 년의 간격만 있어도 재조사를 통해 민족지적 객관성을 확보하기가 어려워진다.

이따금 인류학자는 일부분 더 종합적인 연구를 위해, 일부분 개별 관찰자의 편향을 보완하기 위해 연구팀의 일원으로서 특정 공동체에 대한 조사에 참여할 때도 있다. 1950년대 초의 '모드조쿠토 프로젝트(Modjokuto Project)'에서는 자바 중부의 한 작은 부락에 대한 연구에 일곱 명의 사회과학자(대부분 인류학자)가 참여했다. 또 1960~70년대에는 에번 보그트(Evon Vogt)의 지휘하에 멕시코의 지나칸탄(Zinacantan)이라는 부락을 중심으로 20건의 민족지 연구가 잇달아 행해졌다. 이런 프로젝트는 연구비 조달과 실행 계획의 문제 때문에 조직하기가 힘들어서 그리 흔치 않다. 그럼에도 특히 멕시코와 일본 같은 몇몇 국가의 민족지학자들은, 보통 대학원 상급생들로 구성된 그룹을 지도 교수가 이끄는 식으로 조직적인 팀을 이루어 연구에 참여하는 경향이 있다. 하지만 이런 모든 노력에도 불구하고, 민족지학자 팀이 수집한 자료가 개인이 수집한 자료보다 현저히 덜 주관적인지는 확실치 않다.

최근 들어 일부 인류학자들은 '객관성'을 문제시하는 것 자체가 잘못이라고 주장했다. 우리의 편견—즉, 우리의 사회·역사적 상황—은 우리에게 하나의 관점을 부여하기 때문에 우리가 해석을 하는 데 있어 공개적으로 의지해야 할 자원이라는 것이다. 다른 한편으로 그 어떤 형태의 재현도 권력과 통제의 행사라고 주장하는 이들도 있다. 이렇게 비판적인 이들이 보기에는, 관찰자와 피관찰자 사이에 권력의 불균형이 존재하는 한 민족지적 기술이라는 기획 전체가 미심쩍은 일이다. 이런 비판들은 새로운 양식의 민족지적 글쓰기를 낳았다. 이제 어떤 이들은 초기 민족지의 특징이었던 전지적인 객관성의 언어와는 대조적으로, 편집을 비교적 덜 해서 민족지학자의 목소리 외에 다양한 '목소리들'이 담긴 글을 발표하기를 선호한다. 또 어떤 민족지학자들은 보다 자전적인 양식을 도입하여, 민족지학자 자신의 배경 그리고 자신과 연구 대상의 관계를 민족지의 중심 주제로 삼았다. 어떻게 보면 우리는 한 바퀴 돌아서 다시 여행담으로 돌아온 건지도 모른다. 애석한 일이지만, 대체로 민족지학자는 자신이 연구하는 사람들만큼 흥미롭지는 않은 것으로 드러났다.

그렇기는 하지만, 아무리 장기간의 '참여관찰'에 근거했다 해도 다른 집단에 대한 결정적 설명을 제시하겠다고 나서는 것은 극도로 오만한 행동이 아닐까? 그리고 민족지학자의 절대다수가 서구인인 반면에 그들이 연구하는 대상의 절대다수가 비서구인이라는 것은 문제가 아닌가? 다만 이 문제는 어느 정도까지는 저절로 해결되고 있다. 인류학자로 훈련받는 비서구인 학생이 날로 늘고 있으며, 나름의 고유한 인류학 연구 전통 및 방식을 발전시키는 나라들 또한 늘고 있기 때문이다. 예를 들어 오늘날 멕시코의 공동체들에 대한 대부분의 민족지는 멕시코인에 의해 스페인어로 집필되고 있는데, 20년 전만 해도 그렇지 않았다. 성별에 대해서도 같은 말을 할 수 있다. 이제는 미국 인류학계에서 박사 학위를 받는 이들 중 대다수가 여성이며, 이들은 자국과 외국을 막론하고 여성에 대한 연구에 많이 참여하고 있다. 마찬가지로 많은 비서구인 민족지학자들이 서구 사회에 대한 연구로 관심을 돌리고 있다. 이렇게 다른 관점이 추가되는 것은 학문 분야 전체에 득이 되면 되었지 결코 해가 되지는 않을 것이다. 여태껏 미국인이 미국 사회에 대해 쓴 그 어떤 관찰기도 알렉시 드 토크빌의 기술을 능가하지 못했다. 같은 식으로, 예로부터 인류학자들은 자신이 연구 대상에 대해 견지하는 '외부자적 관점'을 민족지 방법론의 주된 강점으로 여겨왔다. 자신의 문화를 연구하는 사람은 물을 묘사하려고 애쓰는 물고기에 빗댈 수 있다. 내부자가 미묘한 국지적 변이를 알아차릴 수 있다면, 외부자는 현지인이 '상식'이나 '자연스런' 사고 범주로 당연히 받아들이는 묵계를 알아차릴 가능성이 훨씬 더 높다. 그러므로 민족지학자의 외부자적 지위는 약점인 동시에 강점이며, 나아가 연구의 성공에 결정적 영향을 끼치는 힘으로 볼 수 있다.

민족지의 윤리

민족지 작업의 성격 때문에 연구자는 자기가 연구하는 사람들, 자신을 현지에 받아준 기관 및 정부, 그리고 동료들과 독특한 관계를 맺게 된다. 이런 관계에서 불거지는 윤리적 이슈들은 인류학이 성숙함에 따라 주의를 기울여야 할 문제가 되었다. 학계의 여러 단체들은 이러한 이슈를 논의하고 윤리적 행동 수칙을 규정해왔다. 현지조사자의 우선적 의무는 자신의 연구가 연구 대상에 해를 끼치지 않게끔 하는 것이다. 예를 들어, 존은 한 동료와 함께 과테말라에 있는 어느 마야인 부락의 역사를 집필한 적이 있다. 그런데 서평을 쓴 한 지리학자가, 1980년대 이 부락에 군대가 주둔해 있었다는 사실에 대한 언급과 비판이 이 책에 빠져 있음을 지적하며 그들의 전문성과 정치적 책임에 대해 의문을 제기했다. 존과 그 동료는 분명히 군대의 존재를 알고 있었지만(1979년에는 술 취한 군인이 존이 잠들어 있던 집을 향해 기관총을 쏘아댄 일도 있었다) 이 책에서 군대에 대한 논의를 일부러 삼갔다. 당시 과테말라의 정치 상황을 고려할 때, 그리고 존과 동료가 부락의 특정 개인 및 가족들과 긴밀히 협력하여 일한 사실을 고려할 때, 군대에 대한 비판적 언급은 친구들에 대한 보복을 부를 수도 있었기 때문이다. 이와 비슷하게, 피터는 라 닌데 사건에 대한 설명에서 관련자들의 익명성을 보호하기 위해 가명을 사용했는데, 이는 인류학자들 사이에서 아주 표준화된 관습이다. 또한 다른 인류학자들처럼 피터는 자신이 연구한 장소를 언급할 때도 가명을 사용한다.

민족지학자에게 끊임없는 윤리적 딜레마를 안겨주는 근원은, 민족지학자가 자신이 연구하는 공동체의 사회 · 종교 · 정치 생활에 어느 정도까지 능동적 영향을 끼치는 것이 적절한가 하는 문제다. 유명한 사례를 한 가지 들자면, 어느 민족지학자가 연구한 공동체의 성원들은 쌍둥이는 비인간적이므로 죽게 내버려둬도 된다는 전통적 믿음을 고수하고 있었다. 그녀가 머물고 있는 마을에서 한 여성이 쌍둥이를 낳았을 때, 그녀는 개입해야 할지, 또 개입한다면 어떤 식으로 해야 할지 딜레마에 직면했다. 갓난아기를 내버리지 말라고 산모를 설득해야 하나? 자기가 아기들을 입양하겠다고 제안해야 하나? 전통적 관습을 못마땅하게 여기는 촌락이나 정부의 관료에게 이 사실을 알려야 하나? 아니면 자신에게 거처를 내어준 이들의 믿음을 존중해서 아무 일도 하지 말아야 하나? 직업적 행동수칙을 규정하려는 온갖 노력에도 불구하고, 이런 딜레마를 어떻게 해결할지에 대해서는 인류학자들 사이에 합의된 바가 없다. 인정하건대 인류학자가 직면하는 딜레마의 대부분은 생사가 걸린 문제가 아니지만, 참여관찰자가 공동체의 일에 실제로 어느 정도나 참여해야 하느냐는 여전히 끈질기고도 신경쓰이는 문제다. 비슷한 맥락에서, 존은 미스텍인들에게 미국에 비자 없이 입국할 수 있게 도와달라는 부탁을 자주 받았다. 그는 이에 어떻게 대응해야 할까? 한편으로 그는 멕시코에서 친구로 지냈고 자신을 받아주었던 사람들에게 깊은 의무감을 느낀다. 하지만 다른 한편으로 그들을 이런 식으로 돕는 것은 자국의 법률을 위반하는 일이다.

아울러 민족지학자들은 자신이 연구하는 사람들의 대변인이 되어야 한다는 의무감을 자주 느껴왔다. 인류학자가 연구하는 사람들은 식민 · 신식민적 억압, 대량학살, 거주지에서의 축출, 빈곤 등에 가장 취약하고 정부나 기관에 맞설 힘이 없는 이들인 경우가 많다. 때때로(항상 그런 것은 아니다) 인류학자는 이 사람들의 곤경을 널리 알릴 미디어나 기타 수단에 접근할 수 있고, 실제로 많은 인류학자들이 이런 수단을 활용했다. 인류학자가 이렇게 대변인 역할을 하는 데는 위험 부담이 없지 않으며, 이런 행동에 대한 보복으로 추방, 투옥, 심지어 암살을 당한 이들도 있다.

최근 점점 더 주목을 받고 있는 한 가지 윤리적 문제는 지적 재산권과 관련한 것이다. 인류학자들은 토착민의 문화적 지식을 '도용'하여 '이득을 취한다'는 비판을 받아왔다. 전통적으로 공유재였던 지식에 대해 원주민이 저작권을 보호받을 수 있는가? 공동체의 문화적 지식을 책이나 논문으로 발표하는 데 대해 해당 공동체가 통제권을 행사할 수 있는가? 그들은 민족지학자의 해석에 대해 법적 구속력이 있는 편집상의 판단을 내릴 권한이 있는가? 민족지 출판물의 판매로 얻은 수익이 적게나마 있다면 민족지학자는 그 수익을 해당 공동체와 공유해야 하는가?

궁극적으로, 우리는 보다 보편적인 윤리적 문제와 마주해야 한다. 민족지학자는 누구에게 가장 큰 충성을 바쳐야 할까? 자신이 연구한 사람들인가, 연구를 수행한 국가의 주권 정부인가, 자신을 고용한 학교나 연구 기관인가, 자신이 속한 학문 공동체인가? 민족지학자는 인류의 지식 자체를 넓히는 데만 기여하면 되는가, 아니면 자신이 연구한 사람들이나 세계 전체에 좀더 실질적인 혜택을 제공해야 하는가? 민족지학자에게는 그와 비슷하게 인간을 기록하는 언론인, 영화감독, 사진가에게 적용되는 것보다 더 높은 기준이 적용되어야 하는가? 이 또한 아직 풀리지 않은 의문이자 활발히 논의되는 주제들이다.

우리는 민족지와 민족지학자에게 무엇을 기대할 수 있을까? 참여관찰의 결과물을 옹호하거나 비판하는 온갖 주장에도 불구하고, 인류학은 언제나 자신의 이야기를 최대한 충실하고 정직하게 들려주려는 민족지학자들의 선의의 노력에 의존해왔다. 또한 우리는 자기 직업의 윤리성을 충분히 고려하고 행동하고자 하는 민족지학자의 기본적 양식에 의존해왔다. 우리 모두는 완벽한 서술적 객관성이란 성립 불가능하고, 어떤 사회나 문화에 대한 포괄적 이해 또한 도달 불가능한 목표이며, 윤리적 문제는 해결하기보다 제기하는 편이 더 쉽다는 사실을 알고 있다. 우리가 이런 의문을 계속 제기하는 것은, 아마도 학문 분야이자 인본주의적 기획으로서 인류학의 근본적 건전성을 보여주는 최선의 지표일 것이다.

제 2 장

벌 유충과 양파 수프: 문화

당신의 작품, 손수 만드신 저 하늘과 달아놓으신 달과 별들을 우러러보면
사람이 무엇이기에 이토록 생각해 주시며 사람이 무엇이기에 이토록 보살펴 주십니까?
그를 하느님 다음가는 자리에 앉히시고 존귀와 영광의 관을 씌워 주셨습니다.
손수 만드신 만물을 다스리게 하시고 모든 것을 발밑에 거느리게 하셨습니다.
크고 작은 온갖 가축과 들에서 뛰노는 짐승들하며
공중의 새와 바다의 고기, 물길 따라 두루 다니는 물고기들을 통틀어 다스리게 하셨습니다.

—구약성서 『시편』 8편 3-8절

우리가 『시편』 저자의 우월주의를 가감해서 받아들인다 해도, 호모 사피엔스가 이 행성의 자연사에서 특이한 종임을 부인하기란 쉽지 않다. 우리보다 더 빠르고, 더 힘세고, 신체 조건과 본능을 이용해 환경에 더 잘 적응하는 종들은 많다. 그렇다면 무엇이 우리 종을 다른 종과 구분해줄까? 인간에게는 독특한 점이 많이 있다. 하지만 아마도 가장 비범한 특징은 세계를 개념화하고 그 개념을 상징적으로 전달하는 능력일 것이다. 인류학, 특히 미국 전통에서 훈련받은 인류학자들은 이러한 능력을 '문화(culture)'라고 부른다.

'문화'란 무엇인가

우리가 문화를 어떻게 정의하든, 대부분의 인류학자들이 동의하는 바에 따르면 이것은—우리가 명시적으로 배우지 않은 것을 많이 습득한다는 점을 염두에 둘 때—인간이 사회 구성원으로서 학습한 것으로부터 유래한 인지 및 활동이라는 측면과 관계가 있다. 실제로 유아와 청소년으로서 의존하는 기간, 그 사회 특유의 인지 및 행동 방식을 흡수·전달하는데 할애하고 전념하는 기간이 인간만큼 긴 생물종도 없다. 추상적인 사고를 개념화하고 이를 상징적으로 전달하는 특이한 능력이 부재한 상태에서는, 심지어—석기 제작에 기반한 기술 같은—초보적인 기술을 넘어서는 것조차 상상할 수 없는 일이다. 인간이 이러한 능력을 발휘하는 주된 수단은 물론 언어다. 우리가 유전적으로 물려받은 언어 및 상징적 소통의 자질, 나아가 그 덕분에 가능해진 복잡한 사회 조직 전체에 힘입어, 인류는 획득한 지식이 세대에서 세대로 축적될 수 있는, 일종의 획득 형질의 유전을 달성하는 데 이르렀다.

서둘러 덧붙이는데, '문화'에 대한 인류학적 정의의 개수는 아마 인류학자의 수보다 더 많을 것이다. 우리 둘은 문화를 '학습된 행동의 공유된 패턴'이라는 의미로 배웠다. 빅토리아 시대인 1871년에 에드워드 B. 타일러가 문화에 대해 내린 다음의 정의는 이후 30년간 도전받지 않았다. "광범위한 (비교) 민족지적 의미에서 보았을 때, 문화 혹은 문명이란 지식, 신앙, 예술, 도덕, 법, 관습, 그 밖에 사회 구성원으로서의 인간이 획득한 능력과 습관들을 포함하는 복합적 총체이다." 타일러가 사회 집단의 구성원이 획득한—다시 말해서 **학습한**—지식과 신앙에 초점을 맞춘 것과, 이것이 하나의 통합된 체계를 이룬다는 인식은, 문화가 무엇인가에 대한 우리의 인식에 아직까지도 영향을 끼치고 있다. 한편 빅토리아 시대 사람들은 '문화 혹은 문명'을 어떤 나라나 집단은 많이 가졌고 어떤 나라나 집

> 문화 혹은 문명이란 지식, 신앙, 예술, 도덕, 법, 관습, 그 밖에 사회 구성원으로서의 인간이 획득한 능력과 습관들을 포함하는 복합적 총체이다.
>
> — 에드워드 타일러, 1871

단은 조금 가진 무엇으로 취급하는 경향이 있었다. 이런 의미에서 볼 때, 오페라를 보러 가고 샴페인을 홀짝이고 프루스트를 읽는 사람은 축구 경기를 보러 가고 맥주를 벌컥벌컥 들이켜고 타블로이드 신문을 읽는 사람보다 더 '문화적(cultured)'이다. 이런 의미가 '문화'라는 단어의 일상 용법으로 계속 쓰이기는 하지만, 인류학자들은 이를 거부한다.

'문화'가 집단과 개인에 따라 많게 혹은 적게 지닌 무엇이라는 관념을 거부한 것은 현대 세계가 사회들 간의 차이를 보는 방식을 완전히 바꾸어놓았다. 문화 비평가 레이먼드 윌리엄스는 2차대전에 참전했다가 케임브리지로 돌아온 뒤에 자신이 "문화라는 하나의 단어에 몰두해 있음"을 발견하게 되었다. 예전에는 "일종의 사회적 우월함"을 지칭하거나 "시와 소설을 쓰고 영화와 회화 작업을 하고 무대에서 활동하는 일을 일컬었던 능동적 단어"가, 이제는 "어떤 주요한 가치관의 형성 과정을, 강렬히 그러나 명시적이지는 않게" 가리키거나, 또는 "사회와 거의 동일한 의미로—'미국 문화', '일본 문화'처럼 특정한 생활 방식을 지칭하는 뜻으로 쓰이는" 것을 듣게 된 것이다. 윌리엄스는 19~20세기 전환기에 독일과 미국의 사회이론가들, 그중에서도 가장 유명하게는 프란츠 보아스가 문화 개념을 재고한 결과의 잔향을 듣고 있었다.

프란츠 보아스는 현대 미국 문화인류학의 아버지로 널리 여겨진다. 1858년 독일에서 태어난 보아스는 하이델베르크, 본, 킬 대학에서 지리학과 더불어, 관찰자의 특성이 물리적 현상의 지각을 결정하는 과정에 초점을 맞춘 '정신물리학(psychophysics)'이라는 분야를 전공했다. 유대인이었던 그는 19세기 독일의 정치·사회적 기득권층으로부터 소외되었는데, 이는 그가 박사 학위를 딴 지 6년 뒤에 미국으로 이주한 이유 중 하나였다. 처음부터 보아스는, 물리적 환경뿐만 아니라 문화적 환경이 세계를 보는 방식에 결정적 영향을 끼친다는 생각에 매료되었다. '정신물리학'에 관한 그의 첫 연구는 에스키모(이누이트)인이 바닷물의 색깔을 지각하고 분류하는 방식에 대한 것이었다. 몇 년 뒤 보아스는 뉴욕의 컬럼비아 대학에 임용되었고, 이곳은 이후 두 세대에 걸쳐 미국의 인류학자들을 길러낸 주된 훈련장이 되었다.

타일러가 '문화'를 인간 성취의 축적으로 보았다면, 보아스는 우리가 '쿨투르브릴레(Kulturbrille)' 즉 '문화적 안경'을 저마다 한 벌씩 쓰고 있다고 말했다. 이 렌즈는 우리가 주변 세

5. 북서 태평양 연안의 아메리카 원주민 춤을 시연해 보이는 프란츠 보아스.

> 문화는 한 공동체의 사회적 관습의 모든 발현, 자신이 속한 집단의 관습에서 영향을 받은 개개인의 반응, 그리고 이러한 관습에 의해 결정된 인간 행동의 산물들을 포괄한다.
>
> — 프란츠 보아스, 1930

계를 지각하고, 사회적 삶의 의미를 해석하며, 행위를 그 틀에 맞추어 규정할 수단을 제공한다. 다음은 존이 멕시코 와하카의 미스텍인들과 함께 지낼 때 겪은 일이다.

> 나는 초대를 받아서 미스텍인 친구 몇 명과 함께 사냥을 나갔다. 그날 우리는 운이 별로 없어서 여윈 다람쥐 두 마리를 겨우 쏘아 맞혔을 뿐이다. 날이 저물 무렵에 나는 친구들의 뒤를 따라 산등성이를 올라가고 있었다. 그들은 나보다 저만치 앞서갔고, 내가 마침내 정상에 올랐을 때 그들은 어떤 나무의 밑동에 놓인 무언가를 둘러싸고 쪼그려 앉은 채 신이 나서 떠들어대고 있었다. 다가가 보니 그것은 한 친구가 막대기로 쳐서 떨어뜨린 벌집이었다. 땅에 떨어지면서 쪼개진 벌집에는 봉방(蜂房)과 꿀과 벌 유충이 드러나 있었다. 세 친구는 벌집 조각을—벌 유충이 들어 있는 부분을 포함해서—떼어 입에 털어넣느라 바빴는데, 그중 한 명이 갑자기 벌떡 일어나더니 말했다. "잠깐, 우리가 너무 무례했잖아." 그러고는 벌집 안에 손을 넣은 뒤, 벌집과 꿀과 꼬물

거리는 벌 유충을 한 움큼 큼직하게 떠서 나한테 내밀며 이렇게 말했다. "여기 있어, 존, 이거 다 네가 먹어." 딱히 거절할 길이 없었던 나는 그것을 받아들고, 숨을 꾹 참고서 입에 넣고는 꿀꺽 삼켰다.

약 1년 뒤에 나는 이 친구들 중 몇 명을 우리집으로 초대해서 모종의 복수를 했다. 나는 굉장히 좋아하지만 와하카에서는 한 번도 식탁에 오르는 것을 보지 못했던 음식인 양파 수프를 준비했다. 수프를 1인분씩 덜어주었지만 손님들은 선뜻 먹기를 주저했다. 곁눈질로 보니, 그때 사냥을 같이 나갔던 친구 하나가 접시를 테이블 뒤 흙바닥에 슬그머니 쏟아버리고 있었다. 나는 무슨 문제가 있느냐고 물어보았지만 그들은 선뜻 말하려 들지 않았다. 그러다가 결국 한 사람이 역겹다는 표정을 지으며 이렇게 말했다. "양파는 냄새가 지독해서 너무 많이 먹으면 머리가 멍해진다고요!"

서로의 식습관에 대한 이런 상호혐오가 문화와 무슨 관련이 있을까? 우선 이는, 미국인과 미스텍인 모두가 '음식'과 '비음식'을 구분하는 방식에는 식용 가능성에 대한 단순한 고려 이상의 것이 작용한다는 사실을 보여준다. 곤충은 단지 식용 가능한 정도가 아니라 대단히 영양가가 높으며, 양파는 비타민이 풍부하다. 이런 식의 범주화는 문화적인 작용의 일부이고, 우리가 비단 음식에서뿐만 아니라 상상할 수 있는 모든 영역에서 하고 있는 일이다. 존이 혐오감을 느낀 것은 그가 곤충을 (절대로 음식이 아닌) '해충'으로 분류하게끔 배웠기 때문이고, 미스텍인 친구들이 양파 수프에 혐오감을 느낀 것은 그들이 양파를 '양념'으로 분류하게끔 배웠기 때문이다. 우리에게 겨자 한 사발이 식사로 적합하지 않은 것처럼 그들에게 양파는 식사로 적합하지 않으며, 과도하게 섭취하면 정말로 감각이 둔해지는 것이다. 하지만 여기서 더 중요한 것을 말하자면—여기서 우리는 '문화적 안경'이라는 보아스의 은유로 돌아간다—경험은 우리에게 단순히 주어진 것이 아니다. 존과 미스텍인 친구들에게 먹는다는 것은 사고, 지각, 규범, 가치, 감정, 행동으로 이루어진 복합적 체계의 일부이기에, 먹는 행위는 단지 허기를 채우는 일이 아니라 우리가 배운 대로 세계를 보는 방식의 표현이기도 하다. 마치 안경처럼, 문화는 세계에 대한 우리 경험의 초점을 조정한다.

그리고 이 사례가 보여주듯이 문화는 우리의 일부가 되며, 여기에는 구역질과 같은 '자연적인' 반응까지도 포함된다. 수년간 존은 메뚜기, 유충, 날개미, 기타 이름 없는 곤충들을 식사로 먹었다. 미스텍 요리는 투박하거나 미개한 것과 거리가 멀다. 그 요리 전체의 미학이 서구인이 '먹을 수 없는 것'으로 취급하는 식재료를 기반으로 하여 발전했을 뿐이다. 냉정하게

> 문화는 도구와 소비재로, 다양한 사회 집단의 입헌 헌장으로, 그리고 인간의 사고와 기술, 신앙과 관습으로 이루어진 통합적 총체이다. 아주 단순하거나 미개한 문화를 생각하든 극도로 복잡하고 발달한 문화를 생각하든, 우리는 일부분 물질적이고 일부분 인간적이고 일부는 정신적인 하나의 거대한 조직체와 마주하게 되며, 사람은 바로 이것에 의존하여 당면한 구체적이고 특수한 문제에 대처할 수 있다.
>
> —브로니스와프 말리노프스키, 1944

지적인 의미에서 봤을 때 우리는 곤충이 몸에 좋다는 것을 알지만, 적어도 존은 벌레를 먹을 때 완전히 편안해질 수가 없었다. (피터도 염소의 고환에 얽힌 비슷한 경험을 보고할 수 있다.)

존의 경험에서, 우리는 인류학자들이 어떻게 문화의 개념을 이용하여 그런 학습된 행동이 우리 삶을 근본적으로 형성하는 방식을 밝혀냈는지, 또 클라이드 클럭혼(Clyde Kluckhohn)의 말을 빌리면, 각각의 사람이 다른 일부와 같고 다른 모두와 같은 동시에 다른 누구와도 같지 않음을 어떻게 이해하기 시작했는지 들여다볼 수 있다. 존의 이야기에서 우리는 미스텍인의 이국적이고 괴상해 보이는 입맛에, 문화가 집단 간에 만드는 **차이**에 곧바로 주목하게 된다. 하지만 이 이야기는 존과 미스텍인의 **유사성**, 인간의 보편적 유산의 일부인 유사성을 드러내는 일화로도 읽을 수 있다. 예컨대 위에서 지적했듯이, 미국인과 미스텍인은 둘 다 음식을 취급하는 정교한 **분류** 체계를 지녔다. 범주의 구체적 내용물은 다를지 몰라도 분류라는 사실에는 변함이 없다. 실제로 분류 체계를 만드는 인간의 보편적 성향, 분류라는 수단에 의해 음식, 질병, 색채와 같은 서로 이질적인 영역에 범주적 의미가 부과되는 현상은 오래전부터 인류학자들을 매혹시켜온 논의 주제였다.

20세기 초에 프랑스의 사회이론가 에밀 뒤르켐과 그의 조카 마르셀 모스는 인간의 분류 능력이 우리가 지닌 사회적 본성의 연장이라고 주장했다. "사회는 단지 분류적 사고의 준거 모델일 뿐만 아니라, 분류 체계의 틀로서 기능하는 그만의 고유한 틀이었다. 최초의 논리적 범주는 사회적 범주였다. 최초에 있었던 사물의 종류는 인간의 부류였고, 사물들은 인간의 부류 안에 통합되어 있었다." 그로부터 반세기 후, '구조주의(structuralist)' 인류학의 창시자인 클로드 레비스트로스는 인간의 분류는 정말로 보편적이지만, 그것이 보편적인 것은 구별하고자 하는 인간의 성향이 창출해낸 분류가 인간 정신의 이원적 본성에 의해 형성된 보다 근본적인 '심층 구조(deep structure)'의 표면적 재현에 다름 아니기 때문이라고 주장했다. "우리가 인류의 모든 지적인 과업을 들여다보면…… 그 공통분모는 언제나 일종의 질서를 도입하는 것이다. 이것이 인간 정신에 질서를 향한 기본적 욕구가 존재함을 나타낸다면,

> 문화는 자연적인 것도 인위적인 것도 아니다. 그것은 유전자에서 유래한 것도, 합리적 사고에서 유래한 것도 아니다. 그것은 사람들이 대부분 그 기능을 이해하지 못한 채로 따르는, 의식적으로 고안되지 않은 행동 규칙으로 이루어져 있기 때문이다. 이러한 규칙 중의 일부는 저마다의 인간 집단이…… 서로 다른 유형의 사회 구조를 거쳐오면서 획득한 전통의 진유물이다. 또 그중 일부는 특정한 목표를 위해 의식적으로 수용되거나 변경된 것이다. 하지만 우리 유전자로부터 물려받은 본능과 이성의 영감을 받은 규칙 사이에, 더 중요하고 더 영향력이 큰 무의식적 규칙이 여전히 큰 뭉텅이로 존재함은 의심의 여지가 없다. 이성 자체가…… 문화 진화의 원인이라기보다는 결과이기 때문이다.
>
> —클로드 레비스트로스, 1983

또한 인간 정신은 결국 우주의 일부이므로, 이러한 욕구가 존재하는 것은 아마도 우주에 어떤 질서가 있으며 우주가 혼돈이 아니기 때문일 것이다."

미국에서 토착 분류 체계에 대한 관심은 1960년대에 '민족과학(ethnoscience)'이라는 접근법으로 이어졌고, 민족과학에서는 친족 명칭, 동식물상, 색채, 질병 등의 영역에 형식분석(formal analysis)이라는 방법론을 적용했다. 민족과학이 관찰한 것 중 하나는, 문화적 범주의 내용은 유연하고 임의적이고 매우 가변적이지만 그 가변성 자체는 다른 무엇보다도 생리적인 지각 수단에 의해 제한되고 규제된다는 것이었다. 하지만 그 뒤에 프랑스 철학자 미셸 푸코에 의해 인류학자들 사이에서는 새로운 방향이 인기를 얻게 되었다. 그들은 문화적으로 부과된 의미 범주들이 불평등과 억압의 토대가 될 수 있다고 보았다. 다시 말해서 그들은 문화적 분류의 내용을 통제하는 능력을 사회 내 권력의 주된 원천으로 보았다. 따라서 '남성'과 '여성' 같은 사회적 분류 범주들과 여기에 결부된 온갖 사회 · 정치 · 경제적 의미들의 **경합**(contestation)은 권위에 저항하는 주된 방식이 된다.

존과 미스텍인 친구들의 경험으로 돌아와보면, 양파를 식사로 분류하느냐 양념으로 분류하느냐가 어떻게 권력과 지대한 관련이 있는지를 살피기란 물론 어렵다. 실제로 우리가 하는 모든 일이 정치적 동기가 있는 것은 아니며, 음식처럼 중대한 영역과 연관된 행동에서 (손님에게 가장 질 좋은 부위를 우선 대접하는 예절 등으로 표현되는) 도덕적 수칙은 적어도 지배와 저항에 대한 고려만큼이나 중요하다. 우리는 이 또한 (우리를 갈라놓는 차이에도 불구하고) 인간 문화들을 하나로 묶는 유사성을 전달하는 정보로 볼 수 있다. 이 이야기에서 존이 들려주는 행동은 임의적인 것도 아니고 순전히 경제적 효용의 논리로 설명할 수 있는 것도 아니다. 예의나 예절이라는 관념 전체는 모든 인간 문화가 공유하는 것이다. 먹는 행위는 단순한 영양

> 문화는 인간의 경험을 선택하고 조직하여 그것에 의미를 부여한다. ……사람들은 보다 넓은 의미의 문화라는 형태를 통해 자신의 삶을 이해한다. ……문화는 정치나 경제처럼 특정 영역에만 국한되는 것이 아니다. 고전 발레의 피루엣에서부터 가장 야만스러운 사실까지 망라한 일체의 인간 행위가 문화적으로 매개된다. 문화는 일상적인 것과 심오한 것, 세속적인 것과 성스러운 것, 우스운 것과 숭고한 것 모두를 포함한다. 문화 자체는 고급과 저급도 아니며 어디에나 배어들어 있다.
>
> — 레나토 로살도, 1989

소 섭취가 아니라, ('음식' 대 '비음식', '질 좋은 부위' 대 '평범한 부위' 등의) 개념적 범주, (손님을 우대하는 등의) 도덕적 가치, (쾌감이나 혐오감 등) 문화적으로 결정되는 감정들의 **체계**로 둘러싸여 있다. 이는 영양소의 섭취에 의미를 부여하며, 의미는 그것에 인간 경험으로서의 깊이와 울림을 부여한다.

그러니까 인간의 문화는 무한히 가변적인 것 같지만, 사실 그 가변성은 인간의 물리적 · 정신적 능력이 설정한 범위 내에서 일어난다. 예를 들어 인간의 언어는 굉장히 다양하며 음성과 문법과 의미가 저마다 다르다. 하지만 이 모두는 인간 특유의 것으로 보이는 언어 습득 능력과 소질에 의존한다. 인간 언어에 쓰이는 음성의 범위는 흡착음에서 파열음, 후두폐쇄음에 이르기까지 광범위하지만, 세계 모든 언어에서 의미를 띠는 변별적 음성은 인간이 낼 수 있는 소리 중에서도 극소수에 불과하다. 문화적으로 특수한 것과 보편적인 것 사이의 복잡한 관계는 존과 미스텍인 친구들이 벌 유충과 양파 수프에 감정적으로, 심지어 신체적으로 반응한 방식에서도 관찰할 수 있다. 그들이 혐오감을 느끼는지 쾌감을 느끼는지는 자기 문화에서 습득한 대로 음식을 지각하는 방식에 따라 결정되었지만, 쾌감과 혐오감 자체는 인간이 음식에 대해 나타내는 기본적이고도 보편적인 반응인 듯하다.

문화는 어디에 있는가

인류학자들이 문화의 개념에 대해 이야기하는 방식에서는 적어도 세 가지 논점이 되풀이해서 도출된다. 첫째는 '문화'를 어느 정도나 통합된 총체로 보아야 하느냐와 관계가 있다. 둘째는 '문화'를 얼마나 자율적이고 '초유기체적인' 실체로 볼 수 있느냐 하는 것이다. 셋째는 '문화' 사이의 경계를 어떻게 긋는 것이 최선인가 하는 문제다.

문화가 통합된 총체이자 통합시키는 총체라는 생각은, 외견상 별개의 것처럼 보이는 믿음이나 행동들 하나하나의 기저에 보다 근본적인 현실이 자리하고 있다는 거대한 모더니즘적 통찰에 일부분 기반하고 있다. 카를 마르크스에게 현실을 결정하는 것은 생산 양식이었다. 에밀 뒤르켐에게 그것은 사회였다. 지크문트 프로이트에게 그것은 무의식이었다. 그리고 보아스의 뒤를 이은 많은 인류학자에게 그것은 문화 자체였다. 그 총체의 본질에 대한 개념을 중심으로 인류학의 서로 다른 학파들이 형성되었다. 보아스의 첫번째 제자 중 한 명이었던 루스 베네딕트(Ruth Benedict)는 문화를 '게슈탈트(Gestalt)', 즉 하나의 총체적 패턴으로 인식했다. 그의 고전인 『문화의 패턴Patterns of Culture』에서 베네딕트는 몇몇 사회의 신앙과 제도를 비교하면서, 문화 간의 차이가 한 문화 내에서 일관성을 지닌다고 지적했다. 다시 말해서 베네딕트는 주어진 문화의 관습, 신앙, 가치가 일관되고 서로를 강화하는 방식으로 다른 문화와 구별된다고 여겼다. 그래서 그는 주니족(미국 남서부)을 '아폴론형'으로, 콰키우틀족(북미 북서 해안)을 '디오니소스형'으로, 도부족(남서 태평양)을 '편집성 정신분열증형'으로 특징지을 수 있었다. 이제 베네딕트의 접근법은 너무 단순하고 환원주의적이라고 여겨지지만, 문화를 한두 가지 핵심 테마의 관점에서 바라보는 바로 그 경향 때문에 그것은 민족지 관찰의 세부 사항들을 조직하고 통합하는 강력한 수단으로서 여전히 입증되고 있다. 클리퍼드 기어츠(Clifford Geertz)는 이런 접근법에 빼어나게 능숙한 현대 인류학자 중 하나다. 일례로 발리 사회에 대한 이제는 고전이 된 한 기술에서, 그는 닭싸움—발리에서 인기 있는 오락거리—의 이미지를 활용하여 발리 남성이 자신의 성적 능력을 인식하는 방식에서부터 전체 사회가 지위 위계로 조직되는 방식에 이르기까지 광범위한 믿음과 관습의 특징을 포착했다. 이런 방식으로 기어츠는, 발리 문화의 이질적 요소들이 일관성 있고 서로를 강화하는 '의미와 믿음의 짜임새(fabric of meaning and belief)'를 만들어내는 과정을 보여줄 수 있다. 기어츠는 마치 소설이나 시를 읽듯이 문화도 텍스트로 읽을 수 있다고 보았다. 기어츠에 따르면 이러한 트릭은—마치 발리인이 닭싸움에 매료되듯이—그 사회의 성원들 스스로를 사로잡는 문화적 '텍스트'를 찾아내고, 이를 그들이 보는 방식대로 이해할 뿐만 아니라 그 '텍스트'의 주제가 사회의 다른 측면을 조명하는 방식까지 들여다보기 위한 것이다.

문화의 통합에 대한 두번째 관점은 언어학적인 문법 개념이나 발화 규칙에서 유래한 보다 합리주의적인 토대를 지녔다. 이런 접근법에서 문화는 흔히 규약이나 프로그램으로 여겨진다. 따라서 문화는 그것에 의미와 생산성을 부여하는 규칙의 내적 논리에 의해 통합된다. 미국의 인류학자 워드 구디너프(Ward Goodenough)는 풋볼 경기를 예로 들어 민족지 기술의 목표를 설명한다. 풋볼을 하려면 다른 선수들과 호흡을

> 따라서 문화는 무엇인지를 결정하는 기준, 무엇이 될 수 있을지를 결정하는 기준, 그것에 대해 어떻게 생각할지를 결정하는 기준, 그것에 대해 무엇을 할지를 결정하는 기준, 그것을 어떻게 할지를 결정하는 기준으로 이루어져 있다.
>
> — 워드 H. 구디너프, 1963

맞추기 위해 경기 규칙과 방식을 충분히 익혀야 한다. 이와 유사하게 민족지학자도, 자기가 연구하려는 사람들이 받아들이는 방식으로 살기 위해서는 그 문화의 사회적 규칙과 관습을 충분히 익히려고 노력해야 한다.

문화의 통합에 대한 세번째 관점은 구성 요소들이 상호영향 관계에 놓인 형식적 체계라는 개념에 의존하고 있다. 로버트 머피(Robert Murphy)는 이렇게 언급한 바 있다. "단순화된 생각이기는 하지만, 사회가 체계화되어 있다는 관념은 사회과학의 중심에 자리잡고 있다. 체계화는 규범, 사고, 가치, 미학, 기타 문화적인 것들의 상호조정을 통해서 일어나며, 또한 실천적인 일상 활동의 장에서 서로의 행동 방식에 적응하고 타협하면서 일어난다." 예를 들어 『조상을 위한 돼지Pigs for the Ancestors』에서 로이 라파포트(Roy Rappaport)가 그려 보인 뉴기니 고지대 쳄바가 마링족(Tsembaga Maring)의 복잡한 생태계에서, 그들의 정교한 의례 주기는 집돼지의 개체수, 경작지

면적, 휴경 기간, 에너지 소비, 생계 활동, 식단, 부족 간 전쟁을 조절하는 자기 균형적 메커니즘으로서 작동한다.

그 반대편 극단에는 문화가 통합된 것임을 부인하거나, 최소한 방금 말한 사례들에서 제시된 수준으로 통합되지는 않았다고 보는 이들이 있다. 보아스의 또다른 제자인 로버트 로위(Robert Lowie)는 아메리카 원주민 사이에서 특질이 차용되고 확산되는 양상에 대한 초기의 연구들을 통해, 문화란 '넝마조각 같은 것(a thing of shreds and patches)', 즉 복잡하지만 본질적으로 임의적인 역사의 산물에 불과하다는 견해를 제시했다. 이러한 비판에 대한 응수는 클로드 레비스트로스에게서 나왔다. 그는 주어진 문화에서 발견되는 요소들의 역사적 기원이 제각각이기는 해도, 이것들은 '브리콜라주(bricolage)'—문화의 잡동사니들이 애초에 의도했던 것과는 다르지만 근본적 패턴에 들어맞는 용도를 새롭게 부여받은 일종의 콜라주—로서 한데 엮여 있다고 지적했다. 보다 최근 들어서, 근본적 기반이라는 모더니즘적 가정을 부인하는 인류학자들은 이 '브리콜라주' 개념을 이용하여, 문화적 요소를 계속 뜯어고치고 던져버리고 재생시켜서 끊임없이 변화하는 복합체로 만드는 과정이 바로 문화의 본질이라고 보았다. 이렇게 봄으로써 이들은 문화의 본질화라는—문화를 역사 바깥에 존재하며 인간이 주체성을 발휘할 여지가 없는 대상처럼 취급하는—문제를 피해갈 수 있다.

이제까지 우리는 문화의 집단적 성격을 당연한 것으로 받아들였다. 실제로 우리는 문화가 마치 독립된 일생을 지닌 자율적인 실체인 것처럼 흔히 말하곤 한다. 앨프리드 크로버(Alfred Kroeber)는 문화를 산호초에 비유한 바 있다. 산호초는 미세한 수백만 마리 동물의 분비물로 지어졌지만, 지금의 산호초를 이루는 생물들이 있기 전부터 존재했으며, 그들이 다 죽은 뒤에도 존재할 것이고, 미래 세대 또한 이 산호초가 제공한 구조의 제약을 받을 것이다. 이 은유를 이용하면서 크로버는 사회 · 역사적 흐름을 형성하는 개개인의 역할을 명백히 최소화했다. 하지만 우리가 사회구성원으로서 습득한 것들이 문화를 이루고 있다면, 문화는 필시 인간의 머릿속에 자리잡고 있을 것이다. 그러나 '저마다의 마음은 저마다의 세계다(Cada cabeza es un mundo)'라는 멕시코 속담처럼 정말로 그렇지 않은가? 그러면 민족지학자는 개개인의 마음의 내용물에 어떻게 접근할 수 있을까? 앤서니 월러스(Anthony Wallace)는 개개인의 정신적 내용물들이 실은 매우 상이하며, 문화가 하는 일은 획일성을 부과하는 것이 아니라 의사 전달을 위한 공통의 상징을 제공함으로써 이 다양성을 조직하는 것이라고 주장했다.

문화 개념에 내포된 불확정성 때문에, 심지어 물리적으로

> **보편 문화**(Culture)는 인류가 발전시켰고 세대에서 세대로 이어지며 습득된 전통적 행동들의 총체적 복합체를 의미한다. **특수 문화**(a culture)는 이보다 덜 엄밀하다. 이는 주어진 사회, 사회 내의 한 집단, 특정 종족, 특정 지역, 특정 시기에 특유하게 나타나는 전통적 행동의 형태를 의미할 수 있다.
>
> — 마거릿 미드, 1937

고립된 집단에 대해서도 한 문화와 다른 문화 사이의 경계를 확정하기란 어려워 보인다. 보아스식 문화 개념의 깊숙한 뿌리 중 하나는 독일인의 국가 수립 노력으로 거슬러올라간다. 18~19세기에 독일은 수많은 왕국과 공국으로 분열되어 있었다. 민족주의자들은 범독일적인 '쿨투어(Kultur, 문화)' 혹은 '가이스트(Geist, 혼, 정신)'라는 개념을 활용하여, 모든 독일인이 많은 것(그중에서도 언어, 민속, 관습)을 서로 공유하며 이런 '쿨투어' 혹은 '가이스트'가 그들을 분리해놓은 정치적 경계를 초월한다고 주장했다. 이러한 전제는 문화에 부여된 본질주의와 결합되어, '하나의 집단, 하나의 문화, 하나의 사회'를 관례적으로 상정한 민족지들을 통해 표현되었다. 하지만 최근 아르준 아파두라이(Arjun Appadurai)가 던진 물음대로 이러한 전제는 '불평등한 지식과 차별적 생활 방식의 특권이라는 사실'과 어긋나며, '주변화되거나 지배당하는 이들의 세계관과 주체성에 주목하지 못하게끔 방해'하지 않는가? 어쩌면 문화를 기정사실로서가 아니라 사회생활의 의미를 밝히기 위한 학습 장치로 보는 경향이 있는 오늘날의 대부분의 인류학자들과 견해를 같이하는 편이 최선일 것이다. 이런 관점으로 보면, 민족지에서 이러저러한 '문화'에 대한 총괄적 진술보다는 실제로 심각한 경합의 대상이 되는 규범, 가치, 믿음, 존재론, 세계관, 이념, 범주에 대한 구체적 논의를 읽게 될 가능성이 높아진다. 나아가, 많은 인류학자들은 문화의 본질에 대한 무수한 논쟁에 영향을 끼쳐온 지배적 이원론을 극복할 개념을 개발하는 데도 관심을 기울여왔다. 그 한 가지 예가 '체현(embodiment)'이라는 개념으로, 이는 우리가 행동할 때 단지 머리로만이 아니라 물리적 신체로서도 행동한다는 것이다. 그러니까 존이 미스테카에서 곤충을 먹었을 때, 그는 '벌레는 해충'이라고 생각만 한 게 아니라 벌레를 해충으로서 신체적으로 경험한 것이다.

이런 여러 난점에도 불구하고, 인류학의 문화 개념은 우리 학문 분야가 현대 사상에 한 가장 중요한 기여라고 말할 수 있을 것이다. 인간 공동체 사이에 존재하는 차이의 기반이 근본적으로 임의적이며 학습된 것임을 밝혀낸 문화 개념은, 인종주의나 민족적 쇼비니즘, 그리고 19세기 인류학의 상당 부분을 특징지었던 '과학적' 인종주의와 대적하는 막강한 무기였다. 보아스와 그의 제자들에게 인종주의나 자민족중심주의—타 집단을 자신들의 가치 잣대만으로 재단하려는 경향—와의 싸움은 인류학이라는 학문 분야의 주된 사명이었다. 당시 미국에는 이주민 중 특정 민족이 유전적으로 '약하고' '열등하다'는 식의 믿음이 팽배해 있었는데, 영원한 경험론자였던 보아스는 어떤 민족이든 일단 미국에 와서 건강 및 영양 상태가 개선되면 급속히 누구 못지않게 강건해진다는 사실을 보여줌으로써 그러한 믿음을 타파하는 연구를 수행했다. 생물학적 유전보다는 환경이 인간의 특성과 행동을 결정하는 주된 요인이라는 보아스의 확신은 그의 일부 제자들에게 계승되어 문화결정론이라는 이론으로 발전했고, 이는 우리가 아직까지도 벌이고 있는 '본성 대 양육' 논쟁에서 정점에 다다랐다.

문화상대주의

문화 개념이 출현한 것의 도덕적 · 철학적 · 정치적 결과 중 하나는 '문화상대주의(cultural relativism)'라는 독트린의 개발이었다. 우리는 자신의 믿음과 도덕과 행동이—심지어 주변 세계에 대한 지각까지도—우리가 공동체의 성원으로 길러지면서 습득한 문화의 산물이라는 전제로부터 출발한다. 이 믿음대로 문화의 내용이 임의의 역사적 경험의 산물이라면, 사회적 존재로서 우리가 지닌 모습 또한 임의의 역사적 산물이다. 문화는 대단히 깊고도 광범위하게 우리의 세계관을 결정하므로, 특정 세계관이 다른 세계관보다 우월하다거나 특정 세계관이 다른 세계관을 판단하는 잣대로 사용될 수 있다고 주장할 만한 객관적 근거는 없다고 보는 편이 합리적이다. 이런 의미에서 볼 때 문화는 서로에 대해 상대적으로만 평가할 수 있으며, 특정한 믿음이나 행동의 의미는 무엇보다도 우선 해당 문화의 맥락과 관련지어 이해해야 한다. 간략히 말해서 이것이 **문화상대주의**라 불리게 된 것의 근간이다.

그런데 많은 인류학자, 특히 미국의 인류학자들이 상대주의를 도그마나 이데올로기적 요구가 아니라 내심 경험적인 결론으로 여긴다는 사실을 이해하는 것이 중요하다. 이 점은 언어인류학자인 에드워드 사피어(Edward Sapir)와 벤저민 리 워프(Benjamin Lee Whorf)의 연구에서 가장 두드러지게 표현되어 있다. 그들은 언어학적 데이터를 이용하여 시간, 공간, 수 같은 범주들이 언어에 따라 서로 다른 방식으로 매겨짐을 보여주었고, 바로 이것이 우리는 언어를 습득하면서 세계를 습득한다는 사피어의 진술로 이어졌다. 예를 들어서 소나기가 온다고 알릴 때 영어 화자는 'it is raining(그것은 비오는 중이다)'이라고 말하곤 한다. 하지만 여기서 '비오는(raining)' '그것

(it)'이란 무엇인가? 우리가 'it is raining'이라고 말하는 것은, 우리 언어가 구체적인 원인의 직접적인 결과라는 관점에서 세상사를 생각하는 경향을 우리에게 부여했기 때문이다. 그에 반해 인도네시아인이라면 'Ada hujan(비가 있다)'라고 말할 것이다. 인도네시아어의 표현은 그 화자에게 세상을 원인과 결과가 아니라 사건과 사물들이 한데 합쳐진 흐름으로 보는 경향을 부여한다.

극단적 상대주의의 관점을 취하여 서로 다른 문화의 구성원을 서로 철저히 다른 세계에 가져다놓으면 (민족지에서 수행하는 번역을 포함한) 일체의 번역은 불가능해진다. 단 스페르베르(Dan Sperber)의 말대로 '다른 문화의 사람들이 다른 세계에 산다는 상대주의의 슬로건을 문자 그대로 물리적 세계를 가리키는 것으로 이해하면 난센스'이며, 극단적 '상대주의자가 진심이라면, 그는 민족지의 가능성 자체를 철저히 비관하든지 아니면 민족지학자의 능력을 굉장히 낙관해야 할 것이다'. 인지적 상대주의의 진정한 의미는 언어가 부여한 지향성이 믿음과 제도와 행동에 광범위한 영향을 끼친다는 것이며, 문화가 불완전하게라도 통합된 총체라면 이 정도는 응당 예상할 수 있는 일이다. 인도네시아어의 예에서, 우리는 세상사를 직접적 인과관계가 아니라 합쳐진 흐름으로 보는 경향이 (앞의 장에서 이야기한 일화의 사례에서처럼) 사건의 원인'인지 아닌지 모르는' 사람을 그 사건의 법적 책임자로 여기는 경향과 일치한다는 데 주목할 수도 있겠다.

문화상대주의의 이러한 측면들 외에도, 우리는 문화상대주의의 도덕적 차원 또한 생각해봐야 한다. 누군가가 세계를 지각하는 방식이 그가 속한 문화의 산물이라면, 그의 행동을 지배하는 믿음, 가치, 사회 규범은 더더욱 그러하다. 그렇다면 한 사회는 어떤 근거로 자기들이 도덕적 진리를 독점했다거나 더 우월한 규범과 가치를 발견했다고 주장할 수 있을까? 한 사회에서는 황당무계하거나 불법이거나 비도덕적인 행동이 다른 사회에서는 완벽히 합리적이고 사회적으로 용인되는 행동일 수 있다. 이렇게 보면 다른 사회의 관습에 대한 일체의 판단을 유보하는 것이 유일하게 합리적인 행동인 듯하다. 하지만 이는 겉보기만큼 단순한 문제가 아니다. 우선 우리는 문화의 경계를 어디에 그어야 할지 판단하는 문제에 다시금 부딪친다. 전지구적 이주와 디아스포라의 패턴이 진정 다문화적인 사회의 가능성을 연 오늘날의 세계에서 이는 특히 어려운 문제다. 우리와 도덕적으로 다른 문화를 지닌 이방인이 우리 가운데에 있을 때 그를 어떻게 대할 것인가? 공동체 내의 집단들은 어떤 경우에 문화적 특수성을 주장하며 자율성과 존중을 요구할 권리를 가지는가? 축구장의 훌리건이나 테러리스트도 문화상대주의의 보호를 요구할 권리가 있는가? 타 문

> 문화는…… 학습된, 적응 가능한, 상징적인 행동으로, 완전하게 발달한 언어를 토대로 하며, 기술적 독창성, 즉 기술의 복합과 연관되어 있고, 이러한 기술의 복합은 다시금 공동체 사이의 교환 관계를 조직하는 능력에 달려 있다.
>
> — 애덤 쿠퍼, 1994

화의 오랜 전통 문화 관습이 그 사회의 어떤 집단이나 계층을 억압할 때, 우리는 이에 반대하는 일을 문화상대주의의 이름으로 삼가야 하는가?

이는 그저 추상적이고 형이상학적인 문제가 아니다. 여성할례 관습을 이런 딜레마의 예로 들어보자. 동아프리카의 많은 사회에서는 성기에 대한 수술이 예로부터 소녀가 여성이 되는 통과 의례 중 하나였다. 그중 가장 극단적인 형태는 음핵과 음순을 마취 없이 제거하는 것이다. 이런 관습이 기본 인권의 침해임은 쉽게 알 수 있으며, 이를 금지하려는 노력에도 마찬가지로 쉽게 공감할 수 있다. 하지만 다른 한편으로 이것은 그 의례를 수행하는 사람들의 문화적 자율성을 근본적으로 침해하는 일일 것이다. 나아가 인지적 상대주의에서 말하는 대로 섹슈얼리티, 재생산, 성별, 삶의 주기에 대한 문화 이론의 맥락에서 이 관습을 볼 때, 우리는 수단 북부의 호프리야티족(Hofriyati)에 대한 연구에서 재니스 보디(Janice Boddy)가 발견한 것처럼, 여성 할례가 남성 할례와 더불어 (자연이 아닌) 사회가 소년과 소녀를 남성과 여성으로 만드는 방식과 관련된 풍부한 의미망에 참여한다는 것을 발견하게 된다. 이러한 문화적 맥락에 놓고 보면 호프리야티인의 여성 할례는 비합리적인 것도 아니고 굳이 잔인하거나 억압적인 것도 아니며, 남성뿐만 아니라 전통적인 호프리야티 여성들도 많이 찬성하는 관습이다. 이런 관습의 결과물이 우리가 보기에는 혐오스럽지만, 호프리야티인의 문화적 자율성을 침해하지 않으면서 그 금지를 옹호할 수 있는 도덕적 근거를 찾기란 지난한 일이다. 궁극적으로, 보편적 인권 관념과 문화의 상대성에 대한 믿음에 동시에 찬성하는 것이 논리적으로 가능한 일인지 우리는 의문을 품게 된다.

이런 온갖 문제에도 불구하고 우리는, 문화상대주의의 이름으로 저질러진 범죄는 문화적 · 민족적 쇼비니즘이나 그 밖의 거의 모든 '주의'의 이름으로 저질러진 범죄들 앞에서 무색해진다는 클리퍼드 기어츠의 지적에 견해를 같이한다. 그의 관점인 '반(反)-반상대주의'는 우리와 통하는 입장이기도 하다. 결국 우리는 단일 종으로서 이 행성을 공유하고 있기 때문에, 공통의 인도주의를 기반으로 타 문화의 일에 개입할 것을 주장할 수 있다. 하지만 이런 주장은 극도의 주의를 기울여, 부득이하게, 우리가 반대하는 것을 그 문화의 맥락 안에서 이해하려는 진지하고도 철저한 시도 이후에야 비로소 제기되어야 한다.

제 3 장

어느 짧은 만남: 사회

한 낯선 사람을 처음 만났다고 상상해보자. 기차에서 옆자리에 앉은 사람일 수도 있고 파티에서 만난 사람일 수도 있다. 그후에 이어지는 대화는 상당히 예측 가능하다. 이름이 무엇인지, 어디에서 왔는지, 무슨 일을 하는지, 우리가 함께 알고 있는 친구나 회사 동료나 친척이 있는지, 어디서 학교에 다녔는지 등의 익숙한 질문들이다. 만약 이 대화가 성별이 다른 사람 사이에 오간다면, 또 이야기가 순조롭게 흘러가는 것 같다면, 대화에서 상대방이 결혼을 했는지, 혹은 '친밀한 관계'를 맺은 사람이 있는지에 대한 단서를 구할 수도 있을 것이다.

당연하게도 우리는 로봇이 아닌 사람이기에 이런 대화의 경로를 완벽히 예측할 수는 없지만, 공통의 관심사—스포츠,

음식, 음악, 시사 등등—로 화제를 돌릴 수 있고, 개개인의 선호나 스타일에 따라 그 자리를 다소 어색하게 느끼거나 즐겁게 느낄 수도 있을 것이다. 이와 비슷하게, 흔히 묻는 상투적 질문들도 세계의 어느 지역이냐에 따라 차이가 있다. 예를 들어 미국에서 누군가의 종교는 상대적으로 사적인 문제로 간주되는 반면, 인도네시아에서는 상대방의 종교를 묻는 것이 전혀 문제가 안 된다. 하지만 한 발 물러서서 자문해보자. 우리는 상대방에 대한 어떤 정보를 우선적으로 알고자 하는가? 또 어째서 그러한가?

우리가 예절이 허용하는 범위 내에서 최대한 마찰 없이 효율적으로 하고자 하는 일은 대화 상대의 계층, 민족적 출신, 결혼 여부, 기타 유의미한 특성들을 파악하는 것이다. 이런 질문에 힘입어, 우리는 대화 상대에게서 무엇을 기대할 수 있을지를 파악하고 그쪽이 우리한테 무엇을 기대할지를 예측할 수 있다. 또 무엇이 적절한 대화 주제일지를 판단할 수 있다. 상대방이 우리에게 유용할지, 그렇다면 어떤 면에서 유용할지를 알아낼 수도 있다. 왜 그럴까? 우리가 자신을 아무리 그렇게 여기고 싶어하더라도, 모든 사람은 전적으로 독특하고 자율적인 개인이 아니기 때문이다. 우리는 자기 정체성의 많은 측면을 우리가 속한 다양한 집단으로부터 얻는다.

앞의 장에서 인류학자들은 행동을 문화가 제공한 인지 지도의 결과물로 보았다. 하지만 인간 행동이 **사회적** 종의 일원으로서 우리가 지닌 본성의 한 측면이기도 하다는 점을 인식하는 것이 중요하다. 모두가 알 듯이, 우리는 그 안팎의 관계가 **규칙**의 지배를 받는 집단들로 조직되며, 다양한 **기능**을 수행하고, 이러한 기능은 개별 구성원이 죽은 뒤에도 지속된다. 우리는 문화를 **지녔지만** 사회에 **속해 있기도** 하다. 다시 말해서, 문화에 대한 관심은 사람들이 주변 세계를 이해하는 방식을 알아내고 그들의 행위를 틀에 끼워맞추고 다른 이들의 행위를 해석하려는 열망에 의해 촉발된다. 사회에 대한 관심은 인간의 사회적 행동을 지배하는 규칙과 질서, 사람들이 서로 어울리는 방식, 활동이 조직되는 방식에 대한 이해와 더 관련이 있다. 이 두 접근법은 같은 복잡한 대상을 다른 각도에서 바라본 것일 뿐, 서로 전혀 배치되지 않는다.

구조와 기능

상징을 만들어내는 능력에 힘입어, 우리는 스스로를 복잡하고 미묘한 방식으로 조직할 수 있다. 인간 집단이 스스로를 편성하는 아마도 가장 근본적인 방식은 노동의 분업을 통해서일 것이다. 심지어 기술적으로 가장 단순한 사회들도 연령과 성별을 토대로 사람들에게 과업을 분배하기 때문에, 역사

6. 학생 시절의 브로니스와프 말리노프스키.

브로니스와프 말리노프스키(1884-1942)

현대 사회인류학의 창시자.

폴란드에서 태어난 말리노프스키는 처음에 크라쿠프에서 자연과학 공부를 시작했고, 다음에는 라이프치히에서 프란츠 보아스와 에밀 뒤르켐을 가르친 바 있는 막스 빌헬름 분트(Max Wilhelm Wundt)에게 배웠다. 그는 1910년에 런던 정경대로 가서, 마침 적절한 시점에 파푸아뉴기니섬 동남쪽 연안의 트로브리안드제도 사람들에 대한 연구 지원금을 받게 된다. 제1차세계대전이 터지자 오스트리아-헝가리 제국의 신민이었던 말리노프스키는 영국으로 돌아갈 수 없는 몸이 되었지만, 조사가 순조롭게 진척되면서 이 불가피한 곤경은 이점으로 바뀌었다. 그는 계속 현지에 머물러 결국 2년간의 강도 높은 경험을 축적했다. 이런 식으로 한 공동체와 장기간 접촉하는 것은 당시의 민족지학자들 사이에서는 특이한 일이었지만, 나중에 가서는 영국 사회인류학을 규정짓는 특징이 되었다. 민족지학자가 '현지인의 시점으로' 사물을 보려고 노력해야 한다는 그의 주장은 당시만 해도 이례적인 것이었다.

말리노프스키는 많은 서구인들이 '문명' 사회의 전유물로 여겼던 법이나 복잡한 경제 등의 제도가 '미개' 사회에도 다소 형태가 다를지언정 충분히 갖추어져 있음을 보여주었다. 말리노프스키가 볼 때 미개인은 '관습의 노예'가 아닌 합리적 행위자였고, 그들의 모든 관습과 제도는 개인과 집단의 필요를 충족하는 데 이바지하는 기능을 수행했다. 나중에 '기능주의(functionalism)'라고 알려지게 된 말리노프스키의 접근법은 사회과학 전반에 광범위한 영향을 끼쳤다. 가장 깊은 영향은 그가 특히 런던 정경대에서 훈련시킨 제자들을 통해 전파되었다. 이 제자들 중에는 레이먼드 퍼스, E. E. 에번스프리처드(E. E. Evans-Pritchard), 아이작 샤

페라(Isaac Schapera), 오드리 리처즈(Audrey Richards), 맥스 글럭먼(Max Gluckman), 조모 케냐타(Jomo Kenyatta) 등 고전 영국 사회인류학의 권위자들이 많이 포함되어 있다.

적으로 인류학자들은 노동 분업의 복잡성을 토대로 사회들을 구분지어왔다. 이러한 시각에는 특정한 기능을 수행하기 위해 집단이 형성되며 집단들의 활동이 서로 조화를 이룬다는 관념이 함축되어 있다.

사회생활의 조직화된 본질은 1920년대부터 1950년대까지 영국 사회인류학자들의 주된 초점이 되었다. 브로니스와프 말리노프스키와 A. R. 래드클리프브라운(A. R. Radcliffe-Brown)을 필두로 한 이 인류학자들은 사회구조라는 개념—사회관계가 패턴화되어 있고 예측 가능하다는 관념—을 활용하여, 사회에서 집단이 형성되는 방식, 그 구성원의 행동을 지배하는 규칙, 집단이 서로 관계 맺는 방식, 또 그들이 수행하는 잠재적 · 명시적 기능을 이해하고자 했다. 이런 접근법의 고전적 사례가 바로 '농담' 및 '회피' 관계에 대한 래드클리프브라운의 분석이었다. '농담 관계(joking relationship)'란 '상대방을 희롱하고 놀리는 것이 허용되거나 때로는 요구되며, 상대방은 이에 대해 성을 내면 안 되는' 관계를 말한다. 그러한 한 가지 사례가 크로(Crow) 인디언에 대한 로버트 로위의 기술에서 처제와 형부 사이에 허용되는 상스러운 행동일 것이다. 남성은 '……자기 아내의 자매를 상대로, 이를테면 옷을 들추어 맨살을 드러낸다든지 하는 식으로 지극히 방종하게 행동할 수 있으며, 그녀 또한 비슷한 방식으로 그에게 농을 걸 수 있다. 한 제보자(informant)는…… 자기 아내의 여동생을 끊임없이 애무하고 집적거렸으며 그녀 또한 그에게 똑같이 대했다. 그들은 아내나 내가 있는 자리에서 그러면서도 부끄러워하는 기색조차 없었다'. 농담 관계의 반대인 듯 보이는 '회피 관계(avoidance relationship)'는 서로를 지극히 어려워하고 직접적인 대면 접촉을 되도록 피하는 것이 특징이다. 전통적으로 나바호족의 연로한 여성들은 '장모 방울(mother-in-law bell)'이라고 하는 작은 방울을 매달고 다녔는데, 이는 자신이 다가가는 것을 알고 사위가 자리를 피할 수 있도록 미리 경고해주기 위해 고안된 것이었다. 래드클리프브라운은 얼핏 기이해 보이는(하지만 전세계에서 광범위하게 발견되는) 이런 행동이 그 사회에서 어떤 기능을 수행하는지를 자문했다.

래드클리프브라운의 독특한—그리고 대단히 뛰어난—분석은 '농담' 및 '회피' 행동을 '표준화된 사회관계(standardized social relationship)'로 본 것이었다. 이는 두 개인 사이의 우발적 시시덕거림이나 낯가림이 아니라, 사위와 장모라는 어렵고 민감하고 파괴적 잠재력을 띤 사회관계의 두 범주(category)에

A. R. 래드클리프브라운(1881-1955)

A. R. 래드클리프브라운은 버밍엄에서 태어나 아주 전형적인 중산층 환경에서 성장했다. 그는 케임브리지 대학에 입학하여 선구적 민족지학자인 W. H. R. 리버스의 제자가 되었고, 1906년부터 1908년까지 인도양의 안다만섬에서 조사를 수행했다. 몇 년 뒤에는 오스트레일리아 서부 탐험대에 참여하여 친족과 가족 구성을 집중적으로 연구했다. 래드클리프브라운은 학자로서의 경력 중 대부분의 기간을 케이프타운, 시드니, 시카고의 대학에서 가르치며 보내다가, 1937년에야 옥스퍼드 대학에 임용되어 영국으로 돌아왔다.

래드클리프브라운은 에밀 뒤르켐의 사회학으로부터 깊은 영향을 받았다. 그의 주된 관심사는 사회구조(social structure) — 사회 내의 관계를 지배하는 형식적 규칙 — 였다. 그의 가장 빛나는 업적은 — 이를테면 이 책에서 설명한 회피/농담 관계에 대한 문제처럼 — 구조적 '문제'의 분석과 연관된 것이었다. 말리노프스키가 사회 내의 개인을 이해하는 데 관심을 기울인 반면, 그는 그런 쪽에는 거의 관심이 — 혹은 인내심이 — 없었고, 사회 제도가 궁극적으로는 생물학적 욕구 충족과 관련된다고 보는 말리노프스키의 입장 또한 거부했다. 래드클리프브라운에게 사회란 그 자체로 독립적인 것이었고, 그는 마치 자연과학자가 연구 대상에 접근하듯이 사회에 접근하고자 했다. 그는 자신을 말리노프스키와 구별하기 위해 자신의 접근법을 '구조기능주의(structural functionalism)'라고 명명했고, 사회인류학을 고유의 방법론과 연구 의제를 지닌 학문 분야가 아닌 '비교사회학(comparative sociology)'으로 여겼다.

속한 사람들 사이의 '구조적 상황(structural situation)'을 나타낸다. 이러한 관점을 취함으로써, 비로소 래드클리프브라운은 이런 '표준화된 사회관계'의 기능(function)이 무엇인가를 물을 수 있었다. 그는 이런 식의 행동이 사위와 장모처럼 갈등을 빚거나 사회적으로 거북해질 가능성이 높은 '구조적 상황', 또는 처제와 형부처럼 성적 긴장감이 높은 관계에서 주로 발견된다고 결론지었다. 이런 견지에서 볼 때 농담과 회피는 상반되는 것이 아니라 같은 사회적 문제를 해결하는 서로 다른 방식이다. 이는 극도로 터무니없는 행동을 허용하고 이를 불쾌하게 받아들이지 못하게 하거나 아니면 아예 상호작용을 금지함으로써, 까다로운 '구조적 상황'을 처리할 수 있는 일종의 사회적 각본을 제공한다.

어떤 관습이나 제도가 수행하는 '기능'이, 그 사회의 이데올로기 내에서 할당된 '공식적' 목적에만 한정되지 않음을 기억하는 것이 중요하다. 피터가 몸담은 기관인 윌리엄스 칼리지의 '명시적' 기능은 젊은 남녀들에게 건전한 교양 교육을 제공하는 것이다. 하지만 이 기관은 그런 남녀들에게 장차 경제적 가치를 띨 사회관계를 맺고, 사회·경제 계층과 성취도와 가치가 비슷한 결혼 상대를 찾을 기회를 제공하기도 한다—윌리엄스 칼리지는 동문 간의 결혼 비율이 높기로 유명하므로 이는 입증된 기능이기도 하다. 미국 고등교육의 이런 측면이 입학 지망생이나 그 부모들의 의식적인 의사 결정 과정에 얼마나 반영되는지는 말하기 어려우며 어쩌면 불가능할지도 모르지만, 이 기관이 이런 식으로도 기능한다는 사실은 부인하기 어렵다. 여러분도 알 수 있겠지만, 명시적이든 잠재적이든 간에 기능이라는 개념은 막강한 분석 도구다. 그러나 어떤 제도와 관습의 특성이나 내구성이 특정한 기능에서 비롯되었는지 여부를 입증하거나 반증하기가 어렵기 때문에, 이 도구는 자칫하면 마구잡이식으로 쓰일 수도 있다.

래드클리프브라운을 비롯한 '구조기능주의자' 혹은 '기능주의자'들은 사회구조라는 개념을 이용하여 개인과 집단 간 관계의 패턴을 기술했고, 이러한 패턴을 그 기능이라는 관점에서 설명하는 경향이 있었다. 말리노프스키 같은 일부 학자들은 이러한 기능이 그가 말한 '욕구의 원칙(doctrine of needs)', 즉 식량과 주거 등 사회 개별 성원들이 지닌 기본적 욕구 충족과 관계가 있다고 보았다. 또다른 학자들은 이러한 기능이 사회 제도의 작동 및 영속성과 더 큰 관계가 있으며, 사회관계의 유지에 필요한 일종의 경비라고 보았다. 기능주의자들은 사회 제도가 '항상성 평형' 상태—온도 조절 장치가 집안의 온도를 조절하는 식으로 모든 부분이 전체의 균형을 유지하기 위해 작동하는 상태—에서 스스로 영속하며 사회구조가 행동을 제약한다고 보았으므로, 결국 근본적으로 정적일 뿐만 아

7. A. R. 래드클리프브라운.

니라 사회 변화를 설명할 수 없는 사회관이라는 비판을 받게 되었다. 기능주의자들이 기술한 많은 사회가 식민지였고 엄청난 변동과 재편을 겪고 있었음을 감안할 때 이는 특히 중대한 결함이었다. 오늘날의 우리는 사회생활의 역동적 특질과 개개인의 주체성을 강조하는 쪽으로 더 기울고 있다. 구조는 개인의 행위를 제한하는 동시에 가능케 하며, 개인의 행위는 의식적으로나 무의식적으로 구조를 바꿀 수 있는 영향력을 갖고 있다.

물론 사회구조의 본질과 기원에 대해 다른 관점을 제시한 다른 중요한 이론가들도 있다. 클로드 레비스트로스는 호혜성, 교환, 동맹을 본질적인 사회관계로 여겨, 사회구조가 집단 간 결혼 파트너의 흐름을 조직하기 위해 존재한다고 보았다. 레비스트로스가 볼 때, 친족 집단 간의 다양한 동맹을 중심으로 조직된 사회와 우선혼(preferential marriage, 사회에서 배우자감으로 더 우선시되는 후보는 있지만 특정 범주의 친척과 결혼해야 한다는 강제 규정은 없는 혼인 방식—옮긴이)을 하는 사회 간에는 중대한 차이가 있었다. 레비스트로스는 사회에 대한 우리의 사고를 유기체 모델에서 사이버네틱 모델로 바꾸어놓은 이들 중 한 사람이다. 이에 따라 사회의 부분들은 신체 기관과 유사하기보다는 정보 체계 내의 데이터 흐름을 구성하는 것으로 간주되었다. 당연하게도 카를 마르크스의 관점 또한 인류학 사상에서 중요한 학파를 낳았다. 그는 사회생활과 사회구조는 그 시대의 지배적 기술과 이 기술을 가지고 생산하기 위해 사람들을 조직하는 방식에 달려 있다고 보았다.

좀더 최근의 인류학자들은 사회구조 자체의 본질에 대한 관심이 줄고, 사회에서 권력 관계가 유지되고 경합하는 방식으로 주의를 돌리는 듯하다. 그들이 볼 때, 사회구조란 순수하게 국지적인 전통의 산물인 만큼이나 글로벌한 정치·경제적 힘의 산물이기도 하다. 그럼에도 어떤 중요한 의미에서 기능주의의 근본을 이루는 지적 장치는 여전히 남아 있다. 로버트 머피의 말대로, '단순화된 생각이기는 하지만, 사회가 체계화되어 있다는 관념은 사회과학의 중심에 자리잡고 있다'. 이와 비슷하게 클리퍼드 기어츠 등은, 인류학자들이 인간 행동이나 인간관계에 대해 내놓은 사실상 모든 설명이 그런 행동이나 관계가 수행하는 **기능**의 관점에서 쓰여 있음을 지적해왔다.

제도

행동과 이데올로기의 패턴이 상대적으로 독립되고 지속적이고 자율적일 때, 우리는 이러한 패턴을 제도(institution)라고 부른다. 가장 극단적인 형태의 제도는 어빙 고프먼(Erving Goffman)이 말한 '총체적 제도(total institution)'다. 군대, 감옥,

기숙학교, 코뮌, 사이비 종교 집단, 정신병원 등이 이에 해당한다. 이런 조직은 그 구성원이 영위하는 삶의 사실상 모든 측면을 지배한다. 개인은 으레 과거의 사회적 정체성을 박탈당하고, 머리를 깎고, 사복 대신에 제복을 입고, 개인 소유물을 거의 지니지 못하고, 일상적인 행동을 엄격히 규제 받고, 직속 상급자의 절대적 권위에 종속된다. 이처럼 주위 영향에 휩쓸리기 매우 쉬운 상태에서, 이들은 사회 전체에 보편적이지만은 않은 그 제도 특유의 행동 · 사고 · 인지 방식을 습득한다. 이런 경험은 사람을 변화시키며, 그 제도를 떠난 지 여러 해가 흐른 뒤에도 개인의 사고와 감정에 계속해서 지대한 영향을 끼친다. 경건한 생활을 하는 수도원에서부터 수용소 수감자들에게 가해지는 고통에 이르기까지, 총체적 제도가 가하는 극도의 통제와 행동의 엄격한 정형화는 도덕적으로 흔히 양극단의 결과를 낳는다.

지난 100여 년간 사회과학자와 사회철학자들은 '전통' 혹은 '미개' 사회의 제도와 '현대' 사회의 제도를 뚜렷이 구분하는 경향이 있었다. 예를 들어 19세기 영국의 법률가인 헨리 메인(Henry Maine)은 전통에서 현대로의 변동이 **신분**(status)에서 **계약**(contract)으로의 변동에 토대를 두고 있다고 보았다. 그의 생각에 따르면 전통 사회의 사람들은, 농노와 영주의 사회 · 경제적 관계가 그러하듯 주로 태어날 때부터 부여된 사회적 신분을 기반으로 하여 서로 관계를 맺었다. 반면에 근대 사회의 사회·경제적 관계는, 산업 노동자와 고용주 사이가 그러하듯 (제한적으로나마) 당사자 간의 협상에 달려 있었다. 다른 차이점을 강조한 학자들도 있었다. 페르디난트 퇴니스는 메인과 비슷하게 **게마인샤프트**(Gemeinschaft, 공동사회)와 **게젤샤프트**(Gesellschaft, 이익사회)를 구분했다. 루이스 헨리 모건은 (씨족으로 구성된 아메리카 인디언 사회처럼) 혈연 이데올로기를 토대로 중심 집단이 형성되는 사회와, 같은 영토에 거주함을 강조하는 집단들로 구성된 사회 간의 차이점을 지적했다. 에밀 뒤르켐은 전통 사회가 하나로 결합되는 이유가 그 구성원들이 기본적으로 모두 비슷하고(모두가 사냥꾼 혹은 농부이거나, 모두가 공통 조상의 후손이거나 등등) 거의 자급자족하며, 그러므로 동포들 속에서 자기 자신의 모습을 보기 때문이라고 여겼다. 그는 이것을 '기계적 연대(mechanical solidarity)'라고 일컬었다. 뒤르켐에 따르면, 현대 사회의 특징은 개개인이 사회 제도에 의해 서로 다른 수많은 전문 분야로 분업화하고 그들 모두가 서로에게 의존하는 방식에 있다. 그러므로 우리 사회에서는 밀농사를 짓는 농부도 자기가 재배한 밀로 빵을 직접 만들어 먹지 않고 식품점에서 구입하며, 그럼으로써 빵을 그곳에 가져다놓기 위한 제분 노동자, 제빵사, 트럭 운전사 등 방대하고 복잡한 노동자 대열의 노력에 의존한다. 뒤르켐은 이런 식의 구도를 '유기적 연대(organic solidarity)'라고 일컬으며, 현대 사회가 따로 분리되었지만 서로 의존하는 기관들의 작동에 의존하는 유기체와 같은 방식으로 구성되었다고 보았다.

제도적 관계의 특성을 이용하여 전통 사회와 현대 사회의 차이를 설명하려는 시도는 이외에도 많다. 하지만 그중 가장 영향력 있는 구분은 막스 베버의 합리화(rationalization) 개념이다. 제도가 그 속의 사회적 관계에 의해서가 아니라 그것이 수행하는 과업을 중심으로 조직된다는 것이다. 어떤 면에서 볼 때, 합리성이라는 개념은 구조와 기능의 결혼이다. 베버에 따르면, '전통' 사회의 개인이 속한 집단은 서로 중복되는 다수의 역할을 수행하며, 그의 삶의 모든 측면과 연관된 사회적 자아를 구성한다. 예를 들어 추장의 아들에게 부여되는 특권은 그의 태생에 근거하며 사회적 세계 전체에 통용된다. 반면에 '현대' 사회가 일반적으로 지닌 '합리적 제도' 내에서는 개인의 특정한 과업 수행 능력이 그의 사회적 자아의 어떤 측면보다도 중시된다. 더구나 합리적 제도를 지배하는 명시적 규칙과 절차의 정당성은 관습이나 전통에 대한 호소보다는 그 절차 자체의 논리와 효율성에 토대를 둔다. 다시 말해서 현대의 제도가 말하는 방식은 이렇다. '우리는 항상 이런 식으로 해왔기 때문에 이런 식으로 하는 게 아니다. 이게 최선의 방법이기 때문에 이런 식으로 하는 것이다.'

베버와 그의 많은 추종자들에게 현대적 제도의 정수는 관료제(bureaucracy)다. 이는 '관료에 의한 지배'로 흔히 전형화되지만, 베버는 관료제를 이해하는 핵심이 개개인을 초월한 목표를 위해 대규모 집단을 조직하고 절차에 대한 명시적 규칙을 통해 구성원들의 행위를 조절함으로써 현대의 행정적 문제를 처리하는 방식에 있다고 여겼다. 따라서 베버는 계약상의 동의와 전문적 훈련과 (공식적 채용 조건으로서의) 경력에 근거한 구성원의 임명 및 승진, 고정 임금, 직무와 직무 책임자의 엄격한 분리(행정 수단은 관료 개인의 소유물이 아니다), 능력우선주의 등을 관료제의 특징으로 꼽았다. '이게 제 권한이었다면 기꺼이 도와드렸겠지만, 규정 때문에 그럴 수 없습니다'라는 대답에서 우리는 관료의 목소리를 듣는다.

베버는 전통 제도에서 현대 제도로의 이행을 상당히 양가적인 눈으로 바라보았다. 그가 보기에 전통 세계는 개개인이 자신을 둘러싼 사회 · 자연 세계와 정신적으로 통합되어 있다고 느끼는 '주술'의 세계였다. 합리성으로의 이행은 이렇게 정신적으로 통합된 느낌의 상실을 의미했다. 현대인을 보는 베버의 관점은 암울했다. 현대인은 자신이 만든 규칙과 절차에 의해 '합리성의 철창'에 갇혀버렸으며, 이로부터 돌아올 길도 탈출할 길도 없었다. 말할 필요도 없겠지만 베버의 규정은 가감해서 받아들여야 한다. 정부 관료나 대기업을 상대해본 사

8. 1917년 라우엔슈타인에서의 막스 베버.

람이라면 다들 알겠지만, 베버는 특히 규칙이 융통성 없이 적용될 때 '합리적 제도'가 흔히 터무니없이 비효율적으로 작동한다는 것을 깨달았다. 마찬가지로, 이런 조직의 구성원들은 조직의 효율성과 무관한 이유로 고용되고 승진되는 경우가 많으며 족벌주의, 부패, 횡포로부터 전혀 안전하지 않다. 이와 같은 견지에서, 전통 사회도 그들 사회의 일을 효율적으로 조직할 능력이 충분히 있으며 '주술'은 현대 사회의 가장 예상치 못했던 구석까지도 흔히 숨어들어오곤 한다. 후기 산업사회에 접어든 서구에서 뉴에이지 신흥 이교주의가 인기를 끄는 현상이 그 한 가지 예다.

이 표에서 볼 수 있는 식으로 '전통' 사회와 '현대' 사회를 구분하는 이분법은 흔히 인류학자들을 불편하게 만들었는데, 여기에는 몇 가지 이유가 있다. 이런 구분은 우선 너무나 대략적이며, 부정적이든 긍정적이든 비서구 사회에 대한 스테레오타입에 쉽게 힘을 실어주는 경향이 있다. 그들의 실제 모습은 훨씬 더 복잡하고 흥미로운데도, 비서구인을 비합리적인 관습의 노예로 간주하거나 아니면 고상하고 신비로운 '지구의 벗'으로 간주하기 쉽다. 이와 비슷하게, '전통 사회'의 조직에 대해 우리가 품는 이분법적 기대의 상당 부분은 자세히 들여다보면 그야말로 부정확하다. 예를 들어 존이 살았던 산티아고 누요의 공동체는, 좀더 보편적으로 말하자면 공민적-종교적

전통과 현대성

인류학자와 기타 사회과학자들은 우리와 같은 종류의 — 복잡하고 서로 의존적이고 규모가 크고 산업화된, 요컨대 **현대** — 사회를 전세계 사회의 역사에서 특별한 사례로 보는 경향이 있었다. 그들 중 다수, 특히 사회과학이 기원한 빅토리아 시대의 학자들은 '전통' 사회와 '현대' 사회를 극명히 대조했고 여러 구분법을 이용하여 둘의 차이를 규정했다. 이렇게 두 사회를 대조한 사례 가운데 가장 중요한 몇 가지를 표로 정리했는데, 부탁하건대 **이것을 회의적인 시각으로 보아주길 바란다**. 과도하게 단순화시킨 경우가 많고 간혹 완전히 틀린 것들도 있다.

인류학자	전통 사회	현대 사회
에밀 뒤르켐 (프랑스, 1858–1917)	**기계적 연대**: 구성원들의 기본적 유사성이 사회를 결합시킨다.	**유기적 연대**: 부분들의 상호의존성과 공통의 상징에 대한 충성이 사회를 결합시킨다.
페르디난트 퇴니스 (독일, 1855–1936)	**게마인샤프트**(공동 사회): 전통적 규칙이 사람들 사이의 보편적 연대감을 창출한다.	**게젤샤프트**(이익 사회): 의도적으로 수립되고 합리적 자기이익을 반영한 사회 계약에 의해 사회가 구성된다.
루이스 헨리 모건 (미국, 1818–1881)	**공통 친족**이 집단 정체성의 기반이다.	**공동의 영토**가 집단 정체성의 기반이다.
헨리 메인 경 (영국, 1822–1888)	**신분**: 한 사람의 권리와 관계는 출생이 사회 내에서 부여한 위치에 의해 결정된다.	**계약**: 한 사람의 권리와 관계는 타인과의 협상에 의한, 그러나 법적 구속력이 있는 협약에 의해 결정된다.
막스 베버 (독일, 1864–1920)	**주술, 전통**: 사람들은 생동하는 총체에 참여함으로써 주변 세계와 관계를 맺는다. 정당성은 신으로부터 나온다. 지위와 관계는 사회적 신분에 의해 결정된다.	**합리성, 근대성**: 사람들은 스스로를 자연 세계로부터 분리된 존재로 본다. 정당성은 입증된 가치에서 유래한다. 제도는 효율을 위해 조직된다.
뤼시앵 레비브륄 (Lucien Lévy-Bruhl, 프랑스, 1857–1939)	**전논리적 사고**(pre-logical thinking): '미개'인의 사고는 비논리적인 것이 아니라 신비적이고 연상적이다.	**논리적 사고**: 현대적 사고는 논리와 과학적 방법론의 지배를 받는다.

위계구조(civil-religious hierarchy)라는 것을 통해 수백 년간 자치를 해왔다. 이것은 사실상 모든 성인 남녀가(주로 부부가 쌍을 이루어) 공민적 그리고/또는 종교적 임무를 위한 직책을 맡는 제도다. 임기는 1년에서 3년이고, 그 직책은 명칭을 보면 알 수 있듯이 위계적으로 배치되어 있어서, 책임이 덜한 낮은 직위부터 시작하여 경험이 쌓임에 따라, 누요테코인들의 표현을 빌리면, '계단을 올라가서(step high)' 좀더 책임이 큰 직위를 맡게 된다. 이 위계구조는 대체로 피라미드 형태를 띠고 있어서 최하층에는 자리가 많고 최상층에는 자리가 드물다. 그래서 이상적으로는 경험(그리고 재산—대부분의 직책은 급료가 없기 때문에)이 가장 많은 남녀만이 최상층 직위에 올라갈 수 있으며 존경받는 원로, 즉 '타뉴(tañuu, 공동체의 아버지)'와 '냐뉴(ñañuu, 공동체의 어머니)'가 될 수 있다. 누요테코인의 공민적-종교적 위계구조인 '봉사의 산(mountain of service)'은 명시적인 규칙과 절차, 서로 맞물린 노동 분업, 능력우선주의, 직무와 직무 책임자의 분리 등등 여러 가지 면에서 관료제에 대한 베버의 규정에 부합된다. 심지어 누요테코인들은 이것을 '공동체의 처벌(the punishment of community)'—집단생활을 위해 필요하지만 그들을 가두고 억압하는 것—이라고 부르는데, 베버의 '철창' 은유를 연상시키는 표현이다. 하지만 베버가 그들에 대해 알았다 해도, 그는 누요의 '농민들'을 명확한 관료제적 조직 형태가 없는 전통 사회로 여겼을 것이다.

우리는 현대성의 철창을 극복하기 시작했을까? 물론 이제는 현대성과 구분되는 나름의 특징을 지닌 '탈현대성(post-modernity)'에 대해 말하는 것이 유행이 되었다. 현대성은 실증주의적이고 탈현대성은 상대주의적이다, 현대성은 산업 생산에 기반하는 반면에 탈현대성은 정보 흐름에 기반한다, 현대성은 직접 경험을 통해 지식을 창출하는 반면에 탈현대성은 시뮬레이션과 모델링을 통해 그렇게 한다, 현대성은 전체론을 지향하는 반면에 탈현대성은 다원주의를 찬미한다, 현대성은 국민국가를 중심으로 조직되는 반면에 탈현대성은 초국가적 공동체에서 발견된다 등등. 우리는 '전통' 사회와 '현대' 사회를 구분하는 데 이용되는 이분법을 의심하는 것처럼 이렇게 단순화된 이분법 또한 의심한다. 하지만 이것은 어느 정도 효용 가치가 있다. 인류학에서 탈현대성은 주로 전통적 조사 및 재현 방법론에 대한 날카로운 비판에 집중되어왔으며, 탈현대적 사회구조가 지금 어떠하며 미래에 어떠할 것인지에 대한 설득력 있는 상을 이제야 막 제시하기 시작했다.

계층: 사회적 재생산

사회의 근본적 제도들은 개별 구성원의 일생을 초월하여

존재한다. 우리가 '총체적 제도'의 경우에서 보았듯이, 이 제도들은 신규 구성원의 적극적인 모집과 사회화를 통해 지속성을 확보한다. 하지만 이러한 모집과 사회화는 신병이나 대학 신입생 모집처럼 노골적일 필요가 없으며, 사회적인 것만큼이나 문화적인 것이다. 이를테면 이 장의 첫 부분에서 언급한 자기소개 대화를 다시 떠올려보자. 이런 대화, 특히 아직 서로를 잘 알지 못하면서 구애를 시작하는 커플의 대화 주제는 흔히 '개인적' 취향이라고 여기는 것들—어떤 음악이나 음식, 음료, 옷 등등을 좋아하는지—의 비교로 옮겨가곤 한다. 이런 종류의 지식이 타인에 대해 무엇을 말해줄까? 어떤 사회 계층에 속한다는 것은 물질적 부의 문제이며 그만큼이나—어쩌면 그보다 더—심미적 레퍼토리를 습득하는 문제이기도 하다. 고대 그리스인이 뭐라고 말했든 간에, 대체로 우리가 무엇을 아름답다고 여길 때는 그것을 높이 평가하게끔 배웠기 때문이지 그것이 본질적으로 아름다워서가 아니다. 좋은 와인이나 추상표현주의 회화의 미묘한 차이를 구분하는 취향은 대다수 사람들이 접근할 수 없는, 돈과 공을 들인 교육의 일부로서 습득된다. 우리가 이런 분야에 대한 전문성을 드러낼 때는 그것을 진정으로 음미해서 그럴 수도 있지만, 내가 감식안이 있고, '삶의 더 좋은 것들'의 진가를 알아볼 능력이 있는 엘리트의 일원이며, 싸구려 포도주와 이발소 그림이 취향의 최대치인 이들보다는 우월하다는 메시지도 드러내고 있다. 프랑스 인류학자 피에르 부르디외는 이것을 '문화자본(cultural capital)'이라고 불렀다. 부르디외는 마르크스와 베버의 통찰을 결합하여, 프랑스를 비롯한 서구 사회가 전문화되고 상대적으로 자율성을 지니며 위계적으로 조직된 무수한 장(field) 또는 제도(예술, 과학, 법률, 경영, 대중 매체 등)들로 분리되어 있으며 사람들은 그 속에서 지위를 얻기 위해 끊임없는 투쟁을 벌이고 있다고 보았다. 이 투쟁에는 경제적 자본과 문화자본이라는 두 가지 주요한 자산이 존재하며, 이 두 가지는 긴밀히 연결되어 있다. 순수 예술이나 고급 음식 같은 것을 즐기고 소비할 수 있는 능력은 유년기 초의 경험과 더불어 가정에서부터 시작된다. 하지만 이런 능력은 주어진 장에서 앞서 나가기 위해 필요한 지식을 전문적으로 배우는, 예컨대 대학 교육과 같은 형태로 구매할 수도 있다. 개인적인 차원에서 이는 그 개인을 이런 교육과 배경을 누리지 못한 타인들로부터 구별 짓는 일종의 제2의 천성으로서 나타나며, 이런 식으로 우리 자신의 제도 안에서 계층 분리가 지속적으로 재생산된다. 계층 간의 이러한 경계는 다양하고 미묘한 방식을 취해가며 적극적으로 유지된다.

사회와 개인

앞의 1장에서 언급한 도우 동고인 청년 라 닌데의 이야기를 다시 떠올려보자. 그는 자기 이모인 이나 모네를 폭행한 혐의로 재판에 넘겨져 유죄 판결을 받았지만, 실은 라 닌데가 라피아에게 무분별하게 구애한 것이 이 사건의 핵심이었다. 라 닌데가 저지른 악행과 무분별한 처신을 놓고 마을 원로들이 그를 질책했을 때, 원로 중 한 명은 그에게 이렇게 말했다. "너는 네가 너만의 것인 줄 알지만, 그렇지 않아! 너는 네 부모의 것이고, 네 친척들의 것이고, 네 마을의 것이고, 신의 것이야. 너 좋은 대로만 굴 수는 없어!"

라 닌데가 여러 사람과 집단의 것이라는 원로의 꾸짖음은, 인류학자들의 표현을 빌리면, 그의 '사회적 정체성'을 기술한 것이었다. 우리 각자는 사회에서 갖가지 위치를 점하며, 우리와 다른, 상호보완적 위치를 점한 타인들에 대해 저마다 권리와 의무를 지니고 있다. 우리 각자는 사회적 정체성들의 독특한 집합을 이루고 있지만 여기에 수반되는 정체성과 권리와 의무의 수는 한정되어 있다. 이는 개인과 사회관계에 대해 생각하는 방식으로서 여전히 유용하다.

또한 라 닌데가 들은 꾸짖음은 사회생활의 중심적 모순 중 하나를 가리키고 있다. 우리—특히 현대 산업 사회의 우리—는 라 닌데처럼 사회 규칙의 제약을 받으면서도 우리 자신을 스스로 결정을 내릴 자유의지를 지닌 자율적인 개인으로 여기는 경향이 있다. 결국 '사회'는 추상적 관념일 뿐이며, 살아 있는 실재가 아니라 개개인을 모아놓은 것에 불과하지 않은가? 글쎄다, 다른 사회사상가들처럼 인류학자들도, 사회가 뒤르켐이 말한 '집합의식(collective consciousness)'을 구성한다고 보는 관점과 '사회'를 기껏해야 개개인의 선택과 행동에 대한 통계적 기술로 보는 사회 행동의 관점 사이를 오락가락한다. 확실히 일상 대화에서 우리는 이따금 '사회'가 마치 독립된 정신을 지닌 살아 있는 유기체, 부분의 합보다 큰 전체인 것처럼 이야기하곤 한다. 우리는 십대 임신에서부터 개인의 우울증에 이르기까지 상상할 수 있는 모든 문제의 책임을 '사회'에 돌리곤 한다. 하지만 만약 '사회'가 어디에 자리잡고 있느냐는 질문이 나온다면 이는 신이 계시는 곳을 가리켜보라는 요구와 그리 다르지 않을 것이다.

문제는 우리 각자가 세계의 어느 누구와도 다른 독특한 존재인 듯하며 우리가 내리는 결정이 독특하고 내밀한 정신 과정의 산물인 듯 보인다는 것이다. 자녀들의 기질이 서로 다르다는 말을 해보지 않은 부모가 몇이나 될까? 그러나 우리가 내리는 결정과 그 결과들의 총합은 뚜렷하고 때때로 예측 가능한 패턴을 형성하며 이런 패턴은 다른 집단적 현상들과 상관관계를 보인다. 이 역설의 가장 유명한 예는 아마도 1897년

에밀 뒤르켐이 그의 탁월한 저서 『자살론』에서 포착한 사례일 것이다. 스스로 목숨을 끊는 행위는 사람이 내릴 수 있는 결정 중에서 가장 내밀하고 사적인 것 중의 하나이며, 그 하나하나는 순수하게 독특한 결단인 것처럼 보인다. 하지만 뒤르켐은 프랑스에서 도시 거주자가 농촌에 사는 사람보다 더 자살할 확률이 높으며, 신교도가 구교도나 유대인보다 더 자살할 확률이 높다는 사실을 보여주었다. 그는 총계를 냈을 때 자살률은 개개인이 공동체에 통합된 정도, 그리고 공동체가 개개인에게 가치와 목적의식을 불어넣는 정도에 상응한다고 주장했다. 사회적 환경으로부터 소외된 개인은 자살할 확률이 더 높았고, 일부 공동체는 다른 공동체보다 더 구성원을 소외시킬 확률이 높았다.

또한 뒤르켐은 개개인이 자기가 속한 사회 집단에 과도하게 헌신해서 수치심이나 죄의식 같은 형태의 부정적인 사회적 압력이나 '더 고귀한' 목표 성취를 위한 자기희생을 독려하는 긍정적인 압력이 자기 보호 본능을 압도하는 경우에 '이타적' 자살이 발생한다고 주장했다.

다음 장에서 우리는 사회를 이루는 집단과 공동체의 종류를 자세히 들여다볼 것이다. 하지만 그러기 전에, 여기서 언급한 이론가들—마르크스, 베버, 뒤르켐 등—은 사회학 개설서를 봐도 나온다는 점을 지적해야겠다. 예를 들어 사회학자로 널리 인식되는 어빙 고프먼은 우리가 박사학위를 받은 바로 그 인류학과에서 가르친 바 있다. 또 그는 자신의 가장 중요한 저서 중 하나를 래드클리프브라운에게 헌정하기도 했다. 이렇게 학제 간에 교류가 이루어지고 그 사이의 경계가 모호해지는 단순한 이유는 공통의 광범위한 도덕적 · 지적 질문이 인류학 및 사회학 연구를 추동했기 때문이다. 집단적 삶의 본질에 대한, 개인이 집단과 맺는 관계에 대한, 그리고 아마 가장 중요하게도 우리의 시대와 집합적 딜레마를 어떻게 이해할 것인가 하는 질문 말이다.

그럼에도 인류학과 사회학은 별개의 전통과 연구 방법론을 보유하고 있다. 사회학자들은 연구의 초점을 산업화된 도시 사회에 맞출 가능성이 훨씬 더 높고, 통계 자료의 양적 분석에 의존하는 경향이 있다. 아마도 설문조사(survey)는 사회학자의 가장 중요한 조사 도구일 것이다. 그래서 사회학자는 이를테면 약물 사용과 살인율, 실업과 강력 범죄를 연관 짓는 식으로 자신의 연구 결과를 사회적 인과관계나 상관관계의 진술로서 제시할 가능성이 높다. 인류학자는 꾸준히 낯선 사회에 초점을 맞추고, 주된 방법론으로서 참여관찰에 의존하며, 사회 행동에 대한 어떤 보편적 문제를 제시하는 것만큼이나 일상생활의 질감을 세심하게 묘사하는 데에도 관심을 기울인다. 또 그들은 자신의 발견을 시공간을 초월한 많은 사회를 포함한 문화 간 비교의 맥락에 놓는 경향이 사회학자보다 더 강하다.

제 4 장

페르난도가 아내를 얻고자 하다: 성과 혈연

우리 생물종의 역사를 통틀어, 어쩌면 우리가 명실상부한 인간이 되기 전부터, 주위 세계에 의미를 부여하는 우리의 능력은 생존과 생식이라는 중대한 목표를 위해 장기간의 감정적 · 실제적 유대를 맺는 능력과 함께해왔다. 이러한 유대로 형성되는 집단 중에서도 가장 근본적인 것이 바로 결혼과 친족을 기반으로 한 집단임을 반박할 사람은 없을 것이다. '피는 물보다 진하다'는 오랜 속담이 있는데, 우리가 친족의 유대를 생명 유지에 가장 기초적인 체액에 빗댄 것은 우연이 아니다.

여러분은 혈연의 기반—결혼과 가족—이 명백하고도 자연스러운 것이라고 여길지도 모른다. 미국의 전래 동요에는 이런 대목이 있다. '처음에 오는 건 사랑, 그다음에 오는 건 결혼, 저기 둘이 유모차 밀고 간대요!' 결혼에 대한 우리의 가치관과 기대는 한 남자와 한 여자가 낭만적인 사랑을 하고 그 둘이 가족을 이루어 인생의 모든 희로애락과 책임을 공유한다는 관념을 중심으로 이루어져 있다. 하지만 인류학자들이 발견한 바에 따르면, 결혼과 가족에는 이런 요소가 전부 포함될 수도 있고, 일부만 포함될 수도 있고, 하나도 포함되지 않을 수도 있으며, 그 밖의 요소들과 결합될 수도 있다.

결혼, 가족, 가구

사랑과 결혼에 대한 이야기부터 시작해보자. 누요에 머물던 어느 날, 존은 2주 전에 아내와 사별한 페르난도라는 친구의 집을 찾아가고 있었다. 그런데 가는 길에 마침 맥주 상자를 등에 지고서 오솔길을 오르고 있는 페르난도와 마주쳤다. 존이 어디 가느냐고 묻자 페르난도는 구혼하러 간다고 했다. 읍내에서 멀지 않은 곳에 한 부부가 살고 있는데, 그들에게 얼마 전 과부가 된 딸이 있다는 것이었다. 존은 페르난도가 상처한 지 얼마 되지도 않았는데 벌써 재혼하려 한다는 데 적이 놀라서, 자기도 따라가도 되겠느냐고 물었다. 둘이 그 집에 도착하자 페르난도는 맥주 상자를 안마당에 내려놓고는, 딸에게 청혼하고 싶다는 취지의 종잡을 수 없는 연설을 은유와 시적 표현을 잔뜩 섞어가며 길게 늘어놓았다. 맥주 한 병씩이 돌려졌고, 이번에는 그 여성의 아버지가 자기 딸은 페르난도 같은 출중한 사내의 아내가 될 자격이 없다고 깎아내리면서 그러므로 구혼을 받아들일 수 없다는 취지의 연설을 역시 비슷한 식으로 길게 늘어놓았다. 맥주를 다 마시고 작별 인사를 한 뒤, 존과 페르난도는 함께 집으로 돌아왔다. 돌아오는 길에 존이 "일이 잘 안 되어서 안타깝네" 하고 위로하자, 페르난도는 "괜찮아, 집에 맥주 한 짝이 더 있으니까 내일은 다른 여자한테 청혼하러 갈 거야" 하고 대답했다.

이 일화를 통해 존은 누요테코인의 결혼관에 대한 중요한 사실을 알게 되었다. 낭만적인 사랑이 페르난도의 계산에서 매우 미미한 비중을 차지한다는 것은 명백했다. 결국 그는 그때까지 말 한 마디 섞어보지 않은 한 여성과 결혼했다. 페르난도의 머릿속에서 최우선을 차지한 것은 자녀들의 안녕이었다. 누요테코인들이 판단할 때, 남성이나 여성 혼자서 가구(household)를 유지한다는 건 거의 불가능한 일이다. 성인 남성과 여성의 노동력이 서로 보완되지 못하는 가구는 실패가 불 보듯 뻔하다. 실제로 미스텍어에서는 과부, 홀아비, 고아, 빈민을 가리키는 단어가 같다. 페르난도가 아내와 사별하고 얼마 안 되어 한 일은 집안에서 자신이 해야 할 일을 보완해줄 배우자를 찾아서 가구의 연속성을 유지하는 일이었던 것이다.

그가 청혼한 여성들은(그는 마침내 누군가에게 결혼 승낙을 받기 전까지 세 사람에게 구혼해야 했다) 전부 구조적으로 비슷한 위치에 있었다. 모두 최근에 남편과 사별한 여성들이었다.

존의 이야기는 피터가 도로 은티카에서 관찰한 사례를 상기시킨다. 한 과부와 한 홀아비가 각자의 반쪽짜리 가구를 합쳐줄 결혼을 앞두고 있었다. 신랑이 신부측 부모와 친족에게 지불할 '코이니카(co'inika)' 즉 신부대(brideprice, bridewealth)를 상의하기 위한 회의가 열렸다. 재혼인 경우에 신부대는 대개 명목에 불과하다. 과부의 죽은 남편의 친족은 둘 사이에서 낳은 자식들의 양육권을 가져가겠다고 주장하여 신부측을 경악과 비통에 몰아넣었다. 신부대를 지불하는 관습이 있는 많은 사회에서 그렇듯이, 도우 동고인 사이에서도 신부대는 신부측 친족이 신부의 생산력을 잃은 데 대한 보상이자 신랑측 친족에게 이 결혼으로 생길 자녀에 대한 권리를 보장해주는 것으로 여겨진다. 피터가 관찰한 사례의 경우, 아버지가 죽었어도 자녀들의 지위는 변하지 않았다. 죽은 남편의 친족들은 과부가 재혼했을 때 그 자녀들이 다른 남자의 권위 밑으로 들어가는 것을 원치 않을 수도 있으며, 따라서 그런 경우에는 양육권을 행사할 권리가 있다. 대개는 이 권리를 포기하지만, 이 사례에서 그들은 이 권리를 행사하는 편을 택했다. 사실 자녀들이 친모와 계속 함께 지내지 않더라도 바로 옆집에 거주하게 될 터이므로 실질적으로는 예전과 달라질 것이 거의 없었다. 하지만 여기서 지적할 점은, 많은 경우에 결혼이란 우리 사회에서처럼 새롭고 독립된 사회 단위를 이루는, 단지 두 개인의 결합이 아니라는 것이다. 세계의 아마도 대다수 사회에서 결혼은 두 집단 간의 결연이며, 따라서 변덕스러운 십대 커플이 결정하기에는 그야말로 벅찬 중대사다. 게다가 아이는 친족 집단에 귀중한 자원으로 여겨지므로, 언제나 친모나 친부가 자기 자식의 양육권을 최우선적으로 가지는 것도 아니다.

누요와 도우 동고의 사례에서 우리는 결혼이 관련 집단들 사이의 부(wealth)의 이전과 결부된다는 것을 알 수 있다. 이러한 부의 이전은 결혼에 합법성을 부여하며 한 집단에서 다른 집단으로 (노동력이나 장래의 자녀에 대한) 권리가 이전되었음을 인정하는 역할을 한다. 신부대는 신랑측 집단에서 신부측 집단으로의 부의 이전이다. 신부봉사(brideservice)는 신랑측 집단에서 신부측 집단으로 노동력을 이전하는 것이다. 일부 유럽 사회에서 볼 수 있는 지참금(dowry)은 신부측에서 신랑측으로의 부의 이전이라기보다는 신부가 자기 집안에서 상속받은 몫에 해당한다. 신부대는 흔히 현금으로 지불하지만 사치재인 경우도 많은데, 메리 더글러스(Mary Douglas)는 이를 '자격증'이나 '쿠폰'에 빗대었다. 한편으로, 결혼하고자 하는 젊은 남성은 신부대 지불에 필요한 사치재의 조달을 흔히 자기 친족 집단의 연장자들에게 의존한다. 집단의 연장자들이 이런 귀중품을 기꺼이 내어주는 것은 그가 책임감과 충성심을 보여주었기 때문이며, 따라서 사실상 그가 성인의 문턱을 넘어섰다는 자격증을 수여하는 셈이다. 다른 한편으로, 신부대 지불용으로 쓰이는 사치재는 다른 어떤 거래에도 사용할 수 없고 또 사용해서도 안 된다. 메리 더글러스가 드는 사례—짐바브웨의 렐레(Lele)인들이 신부대로 사용하는 라피아 옷감—에서, 그는 아무도 이 옷감을 시장에 들고 가서 식량 같은 것과 교환하거나 돈을 받고 팔려 하지 않는다는 사실을 발견했다. 라피아는 돈으로 살 수 없는 것—신부—을 얻기 위해서 사용했기 때문에, 그런 용도로 쓰기에는 너무나 귀중했던 것이다. 따라서 신부대 물품은 특정한 것과 특정한 방식으로만 교환 가능한 쿠폰 비슷하게 기능한다. 게다가 많은 사회에서 집단이 배우자를 얻어 자기네 구성원으로 편입시키기 위해 필요한 '쿠폰'을 얻는 유일한 방법은 바로 자기 집단의 여성을 다른 집단과 결혼시키고 신부대를 받는 것뿐이므로, 이로써 모든 집단이 이러한 결혼 교환의 연쇄에 맞물리게 된다.

이런 관점은 레비레이트(levirate, 남성이 후사 없이 죽은 형제의 아내와 결혼하는 것)와 소로레이트(sororate, 여성이 죽은 자매의 남편과 결혼하는 것) 관습을 이해하는 데 도움을 준다. 둘 다

9. 도우 동고 여성들이 문간에 앉아, 결혼 과정의 첫 단계로서 '코이니카' 즉 신부대의 일부를 가져올 사람을 기다리고 있다. 표정들이 초조해 보이는 것은 신랑측 가족이 늦어지고 있기 때문이다. 이후 신랑측 가족은 결혼을 연기하고 신부대 액수를 재협상하자고 요구했다. 그래도 결국 이 혼인은 성사되었다.

주로 가부장적 사회에서 나타나는 관습이다. 최초로 기록된 레비레이트 혼인의 사례는 아마도 히브리 성서(창세기 38:8-10)일 것이다. 유다는 장남이 후사 없이 죽자 차남인 오난에게 '네 형수와 한자리에 들어라, 시동생의 책임을 다하여 네 형에게 자손을 일으켜 주어라'라고 명한다. 오난은 이 결혼에서 생겨날 아이가 죽은 형의 법적인 자식이 될 것이며 그 아이가 오난과 그의 아들들 대신에 유다의 재산을 물려받을 것임을 알았다. 그래서 그는 '형수와 한자리에 들 때마다, 형제에게 자손을 만들어 주지 않으려고 정액을 바닥에 쏟아 버리곤 하였다. 그가 이렇게 한 것이 주님께서 보시기에 악하였으므로, 그도 죽게 하셨다'. 주일학교 교사들이 대대로 주장해온 내용과는 달리, 오난의 죄는 방종의 죄가 아니었고 그의 손바닥에서 털이 돋아나지도 않았다. 그의 죄는 죽은 형제의 (부계) 혈통을 잇는 데 협조하기를 거부한 것이었다. 소로레이트 혼인의 경우, 이는 죽은 여성의 친족측이 그 남편에게 아내를 제공하는 계약상의 의무를 다한다는 개념에서 나온 것으로 보인다. 두 경우 모두—그리고 바로 이것이 핵심인 듯한데—결혼 관계는 두 친족 집단 간의 계약 관계로서 실제 결혼한 당사자들이 죽은 뒤에도 지속된다. 나아가 이러한 의무의 핵심에는 고인의 혈통을 계승하는 것에 대한 이해관계가 놓여 있다.

레비레이트의 경우처럼 배우자가 둘 다 살아 있지 않아도 결혼이 성립된다면, 배우자가 서로 다른 성별일 필요도 없다. 1930년대 중앙아프리카의 아잔데 왕국에서 연구를 수행한 E. E. 에번스프리처드는 전사들이 때때로 어린 소년과 결혼하는 경우가 있다고 보고했다. 이 소년들은 성적인 것까지 포함하여 아내로서의 의무를 수행했다. 또 전사는 결혼할 때 소년의 가족에게 신부대를 지불하며, 제삼자가 이 소년과 성관계를 가질 경우 전사는 그를 간통죄로 고소할 수 있었다. 비슷하게, 고대의 다호메이(현재의 베냉)에서는 부유한 여성이 자기보다 어린 여성과 결혼한 뒤 후사를 잇기 위해 어린 여성으로 하여금 남성 연인을 취하게끔 하는 경우도 있었다. 남녀 간의 결혼을 둘러싼 관습과 권리와 의무는 이런 종류의 결혼에도 고스란히 적용된다. 비록 이런 사례가 서구의 일부 사람들이 지지하는 동성 결혼과 유사해 보이기는 해도, 아잔데와 다호메이의 동성 결혼 그리고 민족지 문헌에 보고된 이와 유사한 사례들은 서구의 동성 결혼 지지자들이 생각하는 식의 파트너십과 평등이 아니라 명백히 비대칭적 관계에 기반하고 있음을 지적해야 한다.

많은 동남아시아 사람들처럼 도우 동고인도 성별 간 관계가 깊고도 영구적인 상보성에 기반한다고 인식하며, 이 상보적 관계는 개별 가구 단위의 결정을 초월하여 심오한 영적인 문제까지 포괄한다. 마을 구성원으로서 자격을 인정받는 기본

단위는 기혼 부부다. 부부는 쌍을 이루어 의례에 참여하고, 이 부부들이 일생 동안 치르는 모든 입문 의례는 그 자신도 기혼이며 배우자가 아직 살아 있는 의례 전문가들만이 공식적으로 주재할 수 있다.

도우 동고인에게는 한 명의 파트너와 평생 유대를 지속하리라는 기대가 확고히 정립되어 있다. 하지만 이러한 전제가 통하지 않는 사회들도 많이 있다. 한 남성이 둘 이상의 아내를 가질 수 있는 일부다처제(polygyny)는 흔하다. 비록 대다수의 무슬림은 일부일처이지만, 이슬람 법률은 남성이 아내들을 모두 부양할 수 있고 평등하게 대한다는 조건에서 아내를 최대 네 명까지 맞을 수 있게끔 허용하고 있다. 일부다처의 많은 사례에서, 특히 아프리카에서는 각각의 아내가 독립된 가구를 꾸리며 남편이 그들을 차례로 방문한다. 한 여성이 둘 이상의 남편을 가질 수 있는 일처다부제(polyandry)는 그보다 훨씬 드물며, 티베트와 인도 북부 고산 지대의 사례가 잘 알려져 있다. 적어도 티베트의 일처다부제는 일부다처를 거꾸로 뒤집은 것이 아니고, 주로 형제들이 한 여성과 공동 결혼을 한다. 일처다부의 인구학적 결과는 일부다처의 인구학적 결과와 정반대다. 일반적으로 여성은 몇 년에 한 번씩만 출산을 할 수 있고 대개는 한 번에 한 명씩만 낳으므로, 일처다부혼은 인구 증가를 억제하고 토지와 같은 상속 가능한 유산을 보존하는 경향이 있다. 반면에 일부다처제는 인구 증가를 촉진하며 토지 자원을 자손들에게 빠르게 분산시킨다. 일부일처제, 일부다처제, 일처다부제는 전혀 상호배타적이지 않지만, 주어진 사회의 경제적 · 생태적 조건에 대한 대응으로서 나타날 수 있다. 결혼이 평생에 걸친 유대라는 기대 또한, 이혼이 드물거나 수치스러운 일이 아니라 흔하고 도덕적으로도 중립적인 일이 된 최근의 우리 사회에서 보듯이 대단히 가변적이다.

결혼과 결부된 형태와 실천과 가치의 이런 다양성을 고려할 때, 우리는 어떤 의미에서 결혼이 보편적인 인간 제도라고 말할 수 있을까? '결혼'이라는 것이 실제로 있는 것일까, 아니면 우리가 서로 다른 관습과 실천들을 두루뭉술하게 묶어서 여기에 우리에게 가장 익숙한 사회 제도의 명칭을 붙인 것에 불과할까? 이런 종류의 질문은 인류학에서 매우 중요한 문제다. 직관적으로 우리는 이런 다종다양한 실천과 가치들을 보면서 여기에 공통된 맥락이 있다는 느낌을 받지만, 알려진 모든 사례를 포괄하는 단일한 정의를 세우려고 하면 모든 것이 무너져내리고 만다. 이 문제에 접근하는 한 가지 방법은, 인간 경험에서 결혼으로 해결하려는 문제가 과연 무엇인지 자문해 보는 것이다. 워드 구디너프는 결혼을 '한 사람이(남성 혹은 여성이, 공동으로 혹은 개별적으로, 직접 혹은 대리인을 통해) 아이를 낳을 수 있는…… 한 여성에게 성적으로 접근할 수 있는 지속적 권리를 확립하는 거래 그리고 이로써 도출된 계약'이라고 정의했다. 이러한 기술에 부합하는 제도로 해결할 수 있는 문제는 무엇일까? 우선, 결혼은 성교의 규제와 관련이 있는 것 같다. 다른 영장류들은 큰 사회 집단을 이루어 살며 성적으로 수용적인 암컷에 대한 접근이 수컷 간 서열에 의해 통제되거나(침팬지와 개코원숭이), 고립된 '가정'을 이루어 살며 '일부일처' 형태의 짝결속을 이루거나(오랑우탄), 우세한 수컷이 암컷의 '하렘'에 대한 배타적 접근권을 누린다(고릴라). 사회성과 짝결속을 **겸비**한 종은 인간뿐이며, 성인 여성이 (최소한 이론적으로는) 항상 성적 수용성을 띠는 종도 인간뿐이다. 이는 갈등과 혼란이 빚어질 가능성이 엄청나게 잠재된 상황이므로, 인간이 문화적으로 행동하는 능력을 발휘하여 이 상황에 모종의 질서를 부과하고자 노력하고 있다고밖에 볼 수 없다. 솔직히 말해서 갈등과 혼란의 가능성이 제거되지 않은 건 사실이지만, 인간이 개발한 해결책이 대단히 다양하다는 것은 결혼의 문화적 본질을 입증한다. 이와 비슷하게, 사회적 재생산은 성적 재생산으로부터 시작된다. 우리가 '결혼'이라고 부르는 다양한 관념과 실천들은, 아직 의존 단계에 있는 다음 세대에 대한 책임을 부여하고 관심을 표하는 수단이 되기도 한다.

서구의 일부 사회과학자들은 핵가족—결혼한 커플과 그 자녀들—을 자연스럽고 가장 기본적인 가족 단위로 제시하지만, 결혼의 복잡성과 다양성에 대한 우리의 논의에 비추어 보면 가족 또한 인간 경험에서 엄청난 변이를 보이는 주제다. 인류학자들은 핵가족보다 더 확대되거나 덜 확대된 가족 단위도 사회에서 훌륭히 제 구실을 한다는 사실을 터득했다. 가족은 어머니와 그 자녀들로 최소화될 수도 있고, 부모가 미혼 자녀들, 결혼한 아들 내외들 및 그 자녀들과 동거하는 인도의 형제 간 결합 가족처럼 복잡해질 수도 있다. 시어머니와 며느리 간, 그리고 서로 인정 투쟁을 하는 며느리들 간의 역학 관계는 인도의 많은 가정 드라마의 주제이기도 하다. 그리고 또 다른 형태의 가정 모델로서, 성인 남성과 남자 청소년들이 집단을 이루어 남자들의 집에 함께 거주하고 성인 여성들과 그 딸들과 어린 남자아이들은 별도의 가구를 이루어 거주하는 아마존 분지와 뉴기니 고지의 사회들도 있다. 남편과 아버지가 이따금씩 여자들의 집을 방문하지만 자고 가는 일은 드물다.

한 사회 안에도 다양한 가족 유형이 있을 수 있다. 이와 비슷하게, 우리는 이런 가정 단위들을 정적인 것이 아니라 복잡한 발전 주기를 따라 변화하는 것으로서 이해해야 한다. 도우동고인의 전통적인 결혼은 신랑 신부가 태어나기 전부터 시작될 수도 있다. 절친한 친구끼리 만약 각자의 자녀가 성이 다르면 서로 약혼시키자고 서약하기도 한다. 약혼이 어떻게 이루어졌든, 두 젊은이가 결혼하기로 했으면 신부대를 교섭하고 결혼식 때 그 일부를 지불한다. 신혼부부는 일반적으로 신부 부모의 집에 1~2년간 거주하며 신랑은 생활비 명목으로 장인에게 신부봉사를 제공한다. 도우 동고인들의 설명에 따르면, 이렇게 하는 것은 젊은 신부가 첫아이를 낳았을 때 친정어머니가 옆에 있는 편안하고 익숙한 환경을 제공하기 위해서라고 한다. 첫아이가 태어나면 결혼은 새로운 단계로 들어선다. 신랑 가족이 나머지 신부대를 지불하고, 부부가 대개 신랑 가족과 가까운 곳에 자신들의 집을 마련하는 것이다. 그들은 이곳에서 자녀들을 키우고, 결국에는 자신들이 했던 대로 사위를 들인다. 노령이 된 부부는 안뜰의 좀더 작은 집으로 옮겨가 그곳에서 손주들을 꾸준히 맡아 돌보며 말벗으로 삼고 집안일을 거들게 하기도 한다. 과부나 홀아비는 손주들의 도움을 받아가며 계속 혼자 살 수도 있고, 성인 자녀, 주로 딸네 집으로 들어가 살 수도 있다. 최근에는 이런 패턴이 약간 바뀌어 신부봉사와 처가살이 단계가 생략되고 부부가 결혼 직후에 분가하는 것으로 변했다. 신혼집은 (신부가 첫아이를 낳았을 때 친정어머니 곁에 있을 수 있도록) 보통 친정집 가까운 곳에 지어지고, 그래서 결국에는 자매들과 그 가구들로 구성된 마을 주택군이 형성된다. 도우 동고의 많은 가구들을 얼핏 보면 우리 서구 모델과 비슷한 '핵가족'처럼 보일 수도 있다. 하지만 이

'핵가족'은 좀더 큰 구도의 일부일 뿐이므로 이런 시각은 큰 오해일 것이다. 마찬가지로, 가족의 중심 과제 중 하나인 자녀 양육도 그 부모만의 몫으로 넘겨지지 않으며 조부모, 이모, 삼촌, 그 밖에 그때그때 가까이 있는 사람들이 나누어 맡는다. 아이들은 집에서 집으로 옮겨다니며 마침 배가 고프면 거기서 먹고 어두워지면 거기서 잔다. 사실 실용적인 관점에서 보면 핵가족은 자녀 양육 단위로서는 매우 비효율적이며 주어진 소임에 그리 적합하지 않다.

끝으로, 가족을 더 광범위한 결연 과정의 단위로서, 정치적 체스 게임의 말로서 보는 중요한 의미가 있다. 클로드 레비스트로스는 이상화된 관점에서 볼 때 친족의 최소 단위에는 아내의 남자형제가 포함된다고 주장했다. 여기서 아내의 남자형제는 아내를 그 남편에게 '준' 가족을 대표한다. 레비스트로스는 가장 '기본적인(elementary)' 형태의 결혼은 두 남성이 여자형제를 교환하고 이 결혼에서 생긴 자손들이 다시 사촌끼리 결혼함으로써 동맹을 갱신하는 형태의 결혼이라고 생각했다. 이는 우리에게는 조금 괴상하거나 심지어는 근친상간처럼 보이지만, 실제로 사촌 간의 결혼이 허용되거나 바람직하게 여겨지는 정도가 아니라 사실상 의무인 사회들도 많이 있다. 남성들이 외삼촌의 딸과 결혼하는 것이 몇 세대 계속되면, 그 남성 자손들의 두 가계 사이에 결혼 동맹이 형성된다. 또 남성들이 친삼촌의 딸과 결혼하는 것이 몇 세대 계속되면(이는 중동에서 훨씬 선호되는 패턴이다) 단일한 부계 혈통이 강하게 유지된다. 만약 이것이 유목 사회라면 그 집단이 소유한 가축 떼를 한데 모아서 유지하기가 더 쉬울 것이다.

나의 젖, 나의 피: 친족과 혈통

오난에게 형수와 결혼하여 죽은 형의 후사를 이으라고 한 유다의 명령은, 생물학적 부성(혹은 모성)과 사회적 혈통(descent) 이데올로기 사이의 관계가 복잡하고 문화적으로 임의적임을 보여준다. 인류학자들은, 생식에서 생물학이 수행하는 역할을 무시하는 사회는 없지만 모든 사회가 성교의 사실을 어느 정도씩 다르게 상상하며 이렇게 상상된 사실을 있는 그대로, 또는 은유적으로 활용한다는 것을 발견했다. 예를 들어 누요의 사람들은 모성과 부성이 분할될 가능성을 인정한다. 즉, 한 개인이 둘 이상의 '생물학적' 아버지 또는 어머니를 가질 수 있는 것이다. 모성의 분할은 한 개인이 한 여성에게서 태어나 다른 여성의 젖을 먹고 자라는 경우에 발생한다. 누요테코인의 생각에 따르면, 부모와 자식은 피를 공유함으로써 연결된다. 이 연결은 자궁 속의 태아가 탯줄을 통해 어머니의 피를 받았을 때 확립된다. 아기는 태어난 뒤에도 모유라는 형태로 어머니의 피를 받는다. 그래서 어머니는 자식을 일컬어 '나의 젖, 나의 피'라고 부르는 것이다. 때때로 어머니가 출산 직후에 죽거나 다른 사정으로 모유를 먹일 수 없는 경우도 있는데, 그러면 가족은 유모를 들여서 아기에게 모유를 먹인다. 이 두번째 여성은 피의 유대로 아기와 연결되며, 아기는 이 여성 또한 엄마라고 부르면서 성장하게 된다.

한편, 부성의 분할은 여성이 임신하려면 성교를 여러 번 해야 한다는(최소한 열 번이라고 말하는 이들도 있다) 대다수 누요테코인들의 관념에서 비롯된다. 그 이유는 여성이 자궁에 임계량 이상의 정액을(미스텍어의 일부 방언에서는 남성의 '흰 피'와 모유를 가리키는 단어가 같다) 축적해야 그것이 태아로 성장할 수 있기 때문이라고 한다. 부성의 분할은 여성이 임신에 필요한 양의 정액을 축적하는 과정에서 두 명 이상의 남성과 성교했을 때 일어난다. 놀랄 일은 아니지만, 사람들이 모성의 분할을 인정할 때처럼 열의를 쏟아서 부성의 분할을 공공연히 인정하지는 않는다(하지만 이것은 상속과 결혼에 영향을 끼칠 수 있다).

전세계적으로, 피(또는 모유, 뼈, 그 밖에 생식 행위를 통해 전달된다고 여겨지는 물질)를 나눈 개인들이 강한 유대에 의해 서로 결속된다는 관념은 가내 및 자녀 양육 집단의 토대를 이룬다. 하지만 이는 훨씬 더 큰 사회적 · 정치적 · 경제적 실체의 토대를 이루기도 한다. 많은 사회, 특히 아프리카 사회에서 혈통을 공유한다는 이데올로기는 사회가 조직되는 주된 방식이었다. 종족(宗族, lineage)은 알려진 공통의 조상으로부터 혈통을 이어받은 사람들의 집단이다. 그리고 씨족(clan)은 그 구성원이 공통의 조상으로부터 혈통을 이어받았다고 인식하는 종족들의 집단이지만 여기서는 그 친족 관계를 정확히 따지기가 불가능할 수도 있으며, 이 조상이 신화적 존재나 특정한 사물이나 동물 토템일 수도 있다. 인류학자들이 알아낸 사실은, 사람들이 혈통을 따지는 방식에는 몇 가지가 있으며 이것이 사회에 서로 다른 중요한 영향을 끼친다는 것이다.

부계 집단에서는 혈통을 남자 쪽으로 따진다. 그래서 부계 종족은, 공통의 조상으로부터 오로지 남성만으로 이루어진 아버지-아들의 계보를 따라 이어내려왔기 때문에 나와 친척이 되는 남녀들로 구성된다. 영어권에서 전통적으로 성이 전달되는 방식을 생각하면 부계종족의 소속 자격을 어떻게 따지는지 잘 알 수 있다. 어쨌든 '자기 아버지를 아는 자식은 현명한 자식'(이는 부성의 불확실성을 가리키는 속담이다—옮긴이)이기 때문에, 부계 혈통을 중심으로 조직된 사회들은 흔히 가부장적이기도 하며 여성에 대한 허가받지 않은 성적 접근에 일종의 제도적 불안감을 보인다. 미혼 여성의 처녀성과 기혼 여성의 정숙성이 높이 평가되고 엄격히 강요되어, '푸르다(purdah,

여성을 격리시키는 것)'나 베일을 씌우는 관습으로 이어지기도 한다.

모계 집단에서는 혈통을 여자 쪽으로 따진다. 부계종족의 여성들이 자신의 출생시 소속을 자녀에게 물려주지 않는 것처럼, 모계종족의 남성들도 자신의 소속을 자녀에게 물려주지 않는다. 하지만 모계 혈통을 중심으로 조직된 사회들이 반드시 가모장적이지는 않다. 실제로 모계 사회 여성의 정치적 지위가 부계 사회의 그것보다 낫기는 하지만, 모계 사회에서도 주로 남자들이 정치적 · 공적 사안을 독점하는 경향이 있다. 그러나 모계 혈통의 속성 때문에 남자의 주된 상속자는 자기 아들이 아니라 자기 여자형제의 아들이며, 역으로 아들은 자기 아버지가 아니라 자기 씨족 구성원인 외삼촌이나 외할머니의 남자형제에게 인도와 지원을 구한다. 논란의 여지가 있는 이론이긴 하지만, 모계 사회인 트로브리안드제도에서 주요 현지조사를 수행한 말리노프스키는 모계 사회에서 성장기 소년의 오이디푸스 콤플렉스 불안감이 자기 아버지가 아니라 외삼촌을 향한다는 견해를 제시했다. 이 콤플렉스 배후의 원리가 청소년이 성에 눈뜨면서 남성 권위자와 빚는 갈등과 결부되어 있고, 모계종족에서의 권위자는 아버지가 아닌 외삼촌이기 때문에 갈등도 그쪽을 향한다는 것이 말리노프스키의 생각이었다.

혈통을 따지는 다른 방식들 중 하나로 이중 단계 혈통(double unilineal descent)이 있다. 이 경우에는 모계 원리와 부계 원리에 따른 집단 멤버십이 같이 전달되어, 모든 사람이 동시에 최소한 두 개의 서로 다른 혈통 집단에 소속된다. 또 중요한 집단들이 '비(非)단계' 혈통을 기반으로 형성되는 사회들도 있다. 이 경우에는 한 중요한 조상으로 거슬러올라가는 남자 쪽 계보와 여자 쪽 계보를 결합하여 혈통을 따진다. 예를 들어 미국의 케네디가 같은 정치 명문가에는 슈라이버 집안, 스미스 집안, 심지어 슈워제네거 집안까지 포함되지만, 그들 모두가 조지프 케네디의 자손이거나 그들과 결혼한 사람들이다.

끝으로, 많은 사회—특히 서구 사회—는 공통의 조상에서 이어내려온 혈통을 기반으로 친족 집단을 이루기보다는, 보통 생존해 있는 한 개인을 중심으로 맺어지는 혈연관계에 더 의존한다. 이렇게 형성되는 집단을 친척(kindred)이라고 하는데, 한 개인을 친척으로 공유할지라도 이러한 친척 성원들끼리 모두 친척지간일 필요는 없다. 우리는 사촌을 친척에 포함시키는 게 보통이지만, 나의 외사촌과 나의 친사촌은 서로 친척지간이 아니다. 나아가, 친척에 포함되는지 여부는 무엇보다도 적극적인 사회적 관계를 유지하느냐에 좌우되는 경향이 있다. 지리적으로 멀리 떨어져 있는 사촌은 가까이 있는 육촌

보다 더 일찍 친척의 범주에서 사라져버릴 수 있다.

인간 역사의 상당 기간, 심지어 오늘날의 많은 곳에서도, 집단은 친족을 기반으로 형성되며 혈통은 재산을 소유하고 그 구성원의 삶을 규제하는 주된 수단이다. 이러한 집단의 구성 원리는 매우 간명하더라도, 실제로 종족, 씨족, 친척이 그 구성원을 받아들이거나 내보내는 실천에서는 혈통이나 친족의 공식 이데올로기와는 거의 무관한 갖가지 방식이 동원된다는 사실을 기억하는 것이 중요하다. 이를테면 개인은 입양이나 위탁 양육이나 의례를 통해, 심지어는 노예가 됨으로써 친족 집단에 들어가기도 한다. 이런 여러 사례들을 통해 인류학자들이 확인한 분명한 사실은, 인간이 서로 관계를 맺고 유지할 때 생물학적 · 사회적 · 문화적(혹은 이데올로기적) 요소들 사이에 존재하는 복잡다단한 관계를 염두에 두면서 친족 집단을 분석해야 한다는 것이다.

제 5 장

라 보세가 바카르가 되다: 카스트, 계급, 부족, 민족

피는 물보다 진할 뿐만 아니라 매우 훌륭한 사회적 접착제이기도 하다. 가족과 씨족을 한데 묶어주는 이 접착제는, 완벽하지는 않아도 최소한 부인할 수 없는 이데올로기적 힘이라는 점에서 미덕을 갖추고 있다. 많은 단순한 사회들은 대체로 친족과 결혼과 혈통에 근거하여 형성되고 작동하고 지속되는 집단들로만 이루어져 있다. 하지만 우리처럼 보다 복잡한 사회는 어떨까? 우리는 취미 동호회에서 교회에 이르기까지, 국민국가에서 국가를 초월한 것에 이르기까지 서로 다른 수많은 집단들을 만들었다. 카스트(caste), 종족(ethnic group), 심지어 민족(nation) 같은 일부 대규모 집단들은, 심지어 계보적 연관성을 추적할 수 없는데도 여전히 공유된 혈통이라는 이데올로기에 의존하고 있다. 반면에 취미 동호회나 노동조합 같은 집단들을 하나로 묶는 공통의 관심사는 카스트나 종족을 통합시키는 이데올로기와는 완전히 다르다.

19세기 말 에밀 뒤르켐은 프랑스 사회가 프로이센에 대한 굴욕적 패배로 사기가 꺾이고, 도시화와 산업화로 인한 탈구에 시달리며, 전투적 노동 계급의 정치 운동이 점점 더 조직화되면서 질서와 권위를 유지하는 제도들이 도전에 직면한 모습을 지켜보았다. 뒤르켐에게 프랑스 국가의 내구력은 대단히 의심스러워 보였으며, '무엇이 사회를 결합시키는가?'라는 질문은 근대 서구 사회가 직면한 가장 긴급한 문제인 듯했다. 우리 시대에도 와츠(로스앤젤레스), 브릭스턴(런던), 보스니아, 르완다, 그리고 캄보디아의 킬링필드를 휩쓴 인종 폭동과 동족 상잔과 혁명은, 무기한으로 결합을 유지할 수 있는 사회가 과연 **존재하는가** 하는 의문을 남긴다. 제3장에서 언급한 대로 뒤르켐은 '**사회 내의 노동 분업**'을 봄으로써, 그리고 단순한 사회와 복잡한 사회를 구분함으로써 이 문제에 접근했다. 여기서 단순한 사회는 직업적 전문화가 거의 이루어지지 않고 구성원들이 서로 매우 비슷한 반면, 복잡한 사회는 개인과 집단이 특정한 생산 활동에 전문적으로 종사하고 필요한 나머지 요소는 다른 개인과 집단의 생산을 통해 충족한다. 후자의 궁극적인 예가 근대 산업 사회다. 그는 단순한 사회를 하나로 묶는 사회적 접착제를 '기계적 연대'라고 부르는 한편, 더 복잡한 사회는 '유기적 연대'로 결합된다고 규정했다. 이는 복잡한 사회가 생물학적 **유기체**처럼 작동하기 때문이다. 유기체의 신체 기관은 저마다 전문화된 기능을 수행하면서도 나머지 모든 기관들에 의해 지탱된다.

연대의 본질에 대한 뒤르켐의 질문은 인류학 연구에 계속해서 영향을 끼치고 있지만, 드러난 전모는 우리의 직관적 추측보다 훨씬 더 복잡하다. 소위 미개 사회의 연대 기반이 그 구성원들의 동질성이라고 하는 생각을 들어보자. 이는 얼핏 합리적인 생각 같지만, 경험적으로 볼 때 어떤 곳에서는 바로 그 인간의 사회적 동일성이야말로 시급히 해결해야 할 사회적 문제가 된다. 동질성이 주어진 사회에서는 어떻게 차이—심지어는 남성과 여성의 차이처럼 우리에게는 기초적으로 보이는 차이—를 만들어내느냐 하는 것이 문제다. 토템 씨족—동물, 식물, 자연 현상(천둥, 번개, 그리고 오스트레일리아의 한 꺼림칙한 사례를 들면 개의 토사물까지 포함된다)에서 그 명칭을 딴 친족 집단—을 예로 들어보자. 토템 씨족은 전세계에 걸쳐 놀라울 만큼 널리 분포되어 있다. 이러한 정체성 구분은, 출생의 우연을 제외하고는 서로 구분되지 않는 사람들이 '한 동물종이 다른 동물종과 다르듯이 나의 집단은 다른 집단과 다르다'고 선언할 수 있는 수단을 제공한다. 이런 식의 차이를 위한 차이 만들기는 현대 세계로도 그대로 옮겨진다. 그래서 크게 놓고 보면 서로 구분이 안 가는 미국의 칼리지와 대학들이, 토템 명명과 거의 같은 식으로 저마다 독특한 엠블럼과 색깔을 달고 모교의 스포츠 팀 이름을 붙이고서 자기들끼리 맹렬한 경쟁을 벌이는 것이다. 피터가 속한 기관인 윌리엄스 칼리지는 뉴잉글랜드의 소규모 학부 중심 대학으로 서로 경쟁 관계에 있는 앰허스트 칼리지와 매우 비슷하다. 하지만 두 학교의 학생들은 둘 사이의 사소한 차이를 과장하는 데 열중하며, 상대편을 마치 악마의 화신이라도 되는 양 장난스럽게 매도하곤 한다. 이런 일을 해서 얻는 게 무엇일까? 일부분 이는 소속감을 증진시키며, 학생과 동문들이 열광적이고 의례적인 연대감의 표출에 참여할 수 있는 많은 기회—그중에서도 두드러지는 것이 운동 경기—를 제공하기도 한다. 뒤르켐은 이런 종류의 경험을 '집합 흥분(collective effervescence)'이라고 일컬었다. 그는 이것을 사회적 연대의 핵심에 놓았을 뿐만 아니라 종교적 경험의 뿌리로 규정했다.

그런가 하면 뒤르켐의 유기적 연대를 전형적으로 보여주며 서로 다른 무수한 부분들의 복잡한 상호의존에 기반하여 연대가 이루어지는 크고 복잡한 사회들은, 스스로가 동질적 실체라는 환상을 구축하는 데 비상한 관심을 기울이곤 한다. 이런 과정은 20세기 식민 제국의 해체 이후에 출현한 신

10. 에밀 뒤르켐, 1900년대.

생 국가에서 특히 두드러졌다. 비록 그 성과는 제각기 달랐지만, 그들은 국어를 제정하고 학교에서 공통의 역사를 가르치며, 공유된 역사에서 끌어온 애국적 인물과 상징들을 신생 국가의 대표로서 내세웠다. 국가 상징—국기, 국가, 공공 기념물 등—그리고 국민국가를 정당화하기 위해 민족 신화를 차용한 정교한 시민 의례가, 공통된 민족의식을 고취하는 수단으로서 만들어지고 시행되었다. 뒤르켐은 이것을 '집합 표상(collective representations)'이라고 일컬으며 사회적 연대의 상징적 속성을 인정했다. 단순하고 동질적인 사회들이 그 미미한 차이를 가지고서 차이를 만들어내는 데 열중하는 한편, 복잡하고 이질적인 사회들이 그 유기적 다양성으로부터 통일을 이루기 위해 엄청난 노력을 기울여야 한다는 것은 극단적인 아이러니로 느껴진다.

정체성과 '공통된 핏줄'

앞의 장에서 우리는 문화가 생식에 관한 사실들을 친족 이데올로기의 틀로 해석하는—혹은 무시하는—몇 가지 방식들을 들여다보았다. 그 구성원들 사이의 계보적 연관성을 추적하기 힘든 대규모 집단이 하나로 통일되어 있고 운명을 공유하고 있다는 감정을 창출하는 데도 흔히 비슷한 이데올로기가 동원된다. 그중 가장 흥미로운 예는 힌두교 카스트 체계다. 힌두교의 고전적 우주관은 집단 내 혼인(공통의 핏줄이라는 의식), 직업적 전문화(사회 내의 노동 분업), 영혼의 상대적 순도(위계적 순위)가 결합된 고정된 사회 질서의 논리 정연한 모델을 제시한다. 이론적으로 모든 사람들은 '자티(jati)', 즉 한 지역에서 특정 직업(대장장이, 직조공 등)을 독점하는 집단에 소속되어 태어난다. 사람들은 자신이 속한 자티 내에서 배우자를 구하며 그 자손들도 전부 마찬가지다. 자티들은 위계적으로 순위가 매겨져 있고, 이 순위는 일상적인 행동에서 높은 카스트가 낮은 카스트로부터 음식이나 음료를 받아먹으면 안 된다는 등의 금제를 통해 강화된다. 이 모두는 정교한 의미·신앙 체계로 뒷받침되며, 힌두교의 핵심에 자리잡은 화려한 의례로 표현된다. 물론 현실, 특히 현대 인도의 현실은 보다 유동적이고 복잡하다. 실제로 자티는 동족결혼과 거리가 멀고, 개개인은 특정 지역에서 특정 자티의 몫으로 지정되지 않은 직업에 자유롭게 종사하며, 자티의 상대적 순위는 시대와 지역에 따라 미묘한 방식으로 변화한다.

종족(種族, ethnicity) 이데올로기 또한 그 집합 정체성의 기반은 혈통의 공유에 있으며, 이는 주로 공통의 종교나 민족적 기원과 연관된다. 언어나 의복, 직업적 전문화, 종교도 종족 정체성의 일부가 될 수 있다. 종족 집단은 언제나 다른 종족 집단과 대비하여 정의되기 때문에, 차이가 있다는 사실 자체가 대개는 무엇보다도 중요하다. 종족 정체성의 구체적 내용은 시대에 따라 크게 달라질 수 있으며, 진짜로 문제가 되는 것은 문화나 세계관의 어떤 대단한 차이가 아니라, 특정 종족의 소속 여부가 희소한 자원에 대한 접근을 허용하고 차단하는 방식, 나아가 지도자들이 자신의 정치적 목표를 위해 그것을 활용하는 방식이다. 그러니까 우리는, 종족 멤버십은 보통 개개인이 보유한 많은 집단 멤버십 중의 하나인데 흔히 전략적 이해관계에 대한 대응으로서 그때그때의 상황에 따라 발현된다는 것을 알 수 있다. '종족성'이라는 용어의 한 가지 문제는 이것이 상이한 온갖 상황에 처한 집단들을 가리키는 데 사용되어 그 개념적 효용성이 떨어진다는 것이다. 하지만 현대 세계에서 종족 정체성에 기반한 정치적 동원이 역동적이고 흔히 매우 파괴적인 힘이며 그 힘이 좀처럼 수그러들 기미를 보이지 않는다는 것만은 분명하다. 종족이 흔히 도덕적 관점에서 여타 종족들과 대비하여 정의되기 때문에, 서로를 '선'과 '악'으로 규정하고 적대시하는 종족 간의 충돌은 그것이 궁극적으로 무엇에 의해 촉발되었든 간에 매우 잔인해질 수 있다.

피터가 도우 동고인들과 함께 지내며 경험한 다음의 이야기는 종족성의 이러한 특징이 실제 삶에서 어떻게 발현되는지를 보여주는 사례가 될 수 있다.

도우 동고인들은 그 수가 훨씬 더 많은 저지대의 비마인들과 더불어 살아가고 있다. 17세기 초에 비마인들이 이슬람교로 개종했을 때 도우 동고인들은 그들과 합류하길 대체로 거부하고 전통 신앙을 고수했다. 도우 동고인들은 지난 300년에 걸쳐 건성으로든 진심으로든 무슬림이나 그리스도교도가 되었지만, 저지대 비마인들은 여전히 불신자를 보는 의심과 경멸의 눈길을 그들에게서 거두지 않는다. 이런저런 방식으로, 저지대 비마인과 고지대 도우 동고인 사이에는 내가 '종족 경계(ethnic boundary)'를 구성한다고 보는 문화·언어·신앙의 차이들이 생겨났다. 내가 머물던 도로 은티카 마을의 집에서 두 집 건너에는 아마 보세(ama Bose)와 이나 보세(ina Bose)라고 불리는 부부가 살고 있었다. (도우 동고인은 첫아이가 태어나면 아이 이름을 따서 부모를 '누구 아버지', '누구 어머니'라고 부르는 '종자명 호칭(teknonymy)' 관습을 따른다. 그래서 보세가 태어난 뒤로 그의 아버지는 '아마 보세(보세 아버지)', 그의 어머니는 '이나 보세(보세 어머니)'라고 불리게 되었다.) 보세 아버지는 몇 년 전에 이슬람교로 개종했지만 그의 아들은 아직 전통적인 도우 동고식 이름을 갖고 있었다. 어린 보세를 저지대에 있는 학교에 보내야 할 때가 되기 1년쯤 전에, 그의 아버지는 보세의 이름을 바카르(버젓한 무슬림 이름)로 바꾸었으니 앞으로 그렇게 부르고 자기는 '바카르 아버지'라고 불러달라고 나와 마을 사람들에게 통보

했다. 그는 아들이 입학할 비마의 학교에서 좀더 나은 기회를 잡으려면 그래야 한다고 판단했다고 매우 솔직하게 털어놓았다. 한 이웃사람은 내게 말하길 '저 아이를 계속 보세라고 부르면 학교 친구들이 놀리고 선생들이 괴롭힐 것'이라고 했다. 마을 사람들은 이름이 바뀐 것에 순응하여 그때부터 소년을 '바카르'라고 불러주었지만 그의 아버지는 대부분이 그냥 '보세 아버지'라고 불렀다.

자신의 정체성이 걸림돌이 될 때 자기 출신을 위장하는 일은 드물지 않으며, 인도네시아에서 비무슬림이라는 것은 뚜렷한 걸림돌이 될 수 있다. 하지만 여기에는 좀더 미묘한 과정도 작용한다. 먼저 우리는 '종족 경계'가 보기보다 한층 더 침투성이 클 때가 많다는 사실을 알 수 있다. 사람들은 이 경계를 놀랄 만큼 수월하게 넘어다닐 수 있다. 또한 종족 경계는 흔히 보이는 것만큼 영구적이지 않다. 도우 동고인과 비마인 사이에 빚어진 종교 · 관습 · 언어의 차이가 사라지기 시작하면서, 이 경계는 완전히 사라지지는 않을지라도 상당 부분 재조정될 가능성이 높아 보인다. 그리고 물론 비마-도우 동고 종족성의 국지적 맥락 바깥에 있는 대부분의 인도네시아인들이 보기에 이 두 종족은 서로 구분되지 않는다. 종족 구분의 형태와 내용이 지닌 이 유연성과 침투성은 종족성을 끝없이 흥미

11. 마지막 은쿠히, 라 혼테. 이 사진은 그가 죽기 몇 년 전에 찍은 것이다. 그는 도우 동고 전통 종교의 마지막 '대사제', 즉 '은쿠히(ncuhi)'였다. 도우 동고인의 종족적 개별성은 예로부터 그들의 전통 종교나 그들이 비마의 술탄과 맺은 특수한 관계에 의존해왔다. 1983년 라 혼테가 별세했을 때 도우 동고인의 대부분은 무슬림이거나 그리스도교도인데다 더이상 비마를 다스리는 술탄도 없었으므로 이 마지막 은쿠히를 계승할 이유가 빈약하다고 여겼다.

롭게 만드는 동시에 개념적으로 파악하기 어렵게 만든다.

카스트와 종족 범주가 흔히 그 구성원들의 사회적 순위를 매기고 삶의 기회를 제한하거나 열어주는 데 사용되는 반면, 인종(race)은 인간이라는 생물종 전체를 서로 다른 수준의 지능, 아름다움, 윤리적 행동 능력, 기타 특성들과 이데올로기적으로 연관된 소수의 범주들로 분리함으로써 한층 더 멀리 나아간다. 이런 인종 관념은 불평등을 강화하는 데에서 특히 강한 힘을 발휘한다. 왜냐하면 이것이 자연스러운 것인 양, 아무런 의문 없이, 많은 경우 인종주의의 희생자들에게까지 순순히 받아들여지기 때문이다. 특수한 민족적·국지적 차원에서 발현되는 인종주의는 전지구적 인종 위계를 재생산하는 듯 보이는 경우가 많다. 일례로 미스텍어 화자라면 여러 가지 개인적 자질로 볼 때 자신을 와하카주 태평양 연안의 아프리카계 멕시코인이나 게레로인들보다 높게 평가할 것이고, 똑같은 자질에서 자신을 유럽계 주민들보다 낮게 평가할 것이다. 제2장에서 지적했듯이 보아스학파 인류학자들의 지적 프로젝트 중 하나는, 생리적 특징들이 서로 너무나 많이 겹쳐서 각각의 인간 유형을 정의하기가 불가능하기 때문에 신체 특성으로 인종 유형을 나누는 것이 유효하지 않음을 밝히는 것이었다. 또한 그들은 인간의 차이에 대한 인종주의적 설명이 신체적 외관과 언어·문화·지능 같은 것들과의 연관성을 입증할 수 없음을 밝히기 위해 피나는 노력을 했다. 여기서 떠오르는 것은 브라질의 한 농촌 마을의 사례다. 이 마을 주민의 선조들 중에는 아프리카인, 유럽인, 아메리카 원주민, 중동인, 심지어 아시아인도 있다. 우리의 동료인 캐서린 하워드에 따르면, 이곳 사람들은 한 가족 안에서 피부색이 전부 제각각인 자녀들이 태어날 수 있다고 여겼으므로 형제 중에 키가 큰 아이와 키가 작은 아이가 있을 수 있듯이 한 부부가 흑인 자녀, 백인 자녀, 황인 자녀를 모두 갖는 것도 유별난 일이 아니었다.

인종과 종족은 어떻게 구분될까? 두 범주 모두 '문화적으로 구성된(culturally constructed)' 범주라고 말할 수 있다. 즉, 생물학적—흔히 그릇된—사실과 조금 관계가 있긴 하지만 주로 사회적인 범주로서 자신과 타자를 흔히 도덕적인 뉘앙스로 규정하기 위해 고안된 것이다. 종족성은 문화 · 언어 · 종교의 요소를 강조하는 경향이 있다. '말레이인'의 법적 정의에는 그가 무슬림이라는 항목이 포함된다. 한편, 인종은—이것 또한 문화적으로 구성된 범주이지만—쉽게 알아볼 수 있는 (이를테면 피부색 같은) 특성을 강조하며, 모든 인간 유형의 생물학적 기원에 대해 포괄적 설명을 제시하는 민속이론에 의존하는 경향이 있다. 이런 이론들은 예컨대 세계의 '인종들'이 노아의 아들들에서 기원했다는 생각처럼 신화적인 토대에 뿌리박고 있다.

미국의 아메리카 원주민

1960년부터 미국 인구조사국은 개개인의 인종과 종족을 확인하는 데 설문응답자 자신의 주관적 지표를 이용하기 시작했다. 1960년부터 1990년까지 30년간, 스스로를 아메리카 원주민이라고 밝힌 사람의 수는 52만 4000명에서 187만 8000명으로 늘었다. 이는 자연 증가에 기인한 것으로 볼 수 있는 증가율을 훨씬 초과하는 수치다. 증가분 중 적어도 절반, 아마도 그 이상은 사람들이 자신의 종족 정체성을 바꾼 데 기인한 것으로 보인다. 그 이유는 아메리카 원주민에게 법적 지위를 부여한 정부 정책이나 그런 혈통이 부여하는 물질적 이득과 관련이 깊다. 원주민 부족이 주체가 되어 벌이는 일부 사업들이 번창하고, 부족 집단의 구성원에게 정부 지원금이 배정되는 일이 많으며, 민간 재단들도 특히 아메리카 원주민을 겨냥한 지원과 서비스를 제공하기 때문이다. 일부 아메리카 원주민 집단은 신규 성원이 너무 쇄도하지 않도록 엄격한 자격 기준을 도입해야 했다. 하지만 자신을 아메리카 원주민으로 규정하는 사람의 수가 늘어난 중요한 이유는, 개인의 정체성이 더욱 광범위한 대중 서사와 연결되는 방식과 연관이 있다. 영화나 텔레비전, 대중 소설에서 아메리카 원주민이 대개는 피에 굶주린 야만인으로 그려졌던 40년 전의 상황과는 달리, 이제 그들은 호의적이고, 심지어 낭만적인 시각으로 묘사되고 있다. 오늘날 미국에서 아메리카 원주민의 혈통을 일부분이라도 지닌 사람이 700만 명 이상이라고 보고되는 만큼, 앞으로 행해질 센서스에서도 아메리카 원주민의 수는 매우 높은 비율로 계속 증가할 확률이 높다.

인류학과 인종은 질풍노도와도 같은 격렬한 관계를 이어왔다. 19세기의 인류학자들은 인간을 인종적 범주로 분류하는 측정 가능한 '과학적' 근거를 발견하려고 무척 노력했다. 인종을 '인체측정학적으로' 정의하려는 시도로서 특히 두개골을 대상으로 무수한 측정이 행해졌지만 전부 헛수고였다. 알고 보니 인종 집단 내의 차이가 인종 간의 차이만큼이나 컸기 때문이다. 그럼에도 이들 인류학자 대부분의 동기는 매우 인종주의적이었고, 그들의 결론은 우생학자나 나치 등 증오의 과학적 명분을 필요로 하는 이들에게 채택되었다. 20세기에 특히 보아스학파의 인류학자들은 인종주의 이론이 틀렸음을 입증하는 데 앞장섰다. 보아스는 이것이 인류학의 중요한 공적 사명이라고 여겼고, 그의 가장 뛰어난 제자 중 한 명인 루스 베네딕트는 1940년에 집필한 한 대중서에서 '인종주의(racism)'라는 용어를 고안했다.

우리가 종족에서 공통의 핏줄에 기반한 정체성을 본다면, 인종에서는 공통의 신체적 특성에 기반한 정체성을, 민족주의에서는 공통의 유산과 경험을 기반으로 삼은 국가를 본다. 민족주의에는 한 집단이 공통된 언어, 독특한 관습, 공통의 기원을 지녔기 때문에 정치적 자치를 표방할 수 있다는 생각이 전형적으로 따라붙는다. 거의 모든 현대 국가들은 다양한 문화적 배경을 지닌 사람들을 포괄하므로, 민족주의는 특정한 종족이나 인종의 정치적 표현일 때가 많다. 민족주의는 현대 세계에 너무나 깊숙이 배어 있어서 우리는 '민족(nation)'과 '국가(state)'를 흔히 혼용해서 쓴다. 하지만 민족주의는 수립된 국가가 없어도(혹은 쿠르드족의 경우처럼 몇몇 국가에 분산된 상태로도) 존재할 수 있으며, 국가—중앙집중화되고 관료화되었으며 그 통제권이 주어진 영토 전역에 미치는 정치 단위—또한 민족주의가 아닌 다른 원리를 기반으로 수립될 수 있다. 국민들이 명백히 하나의 언어나 관습이나 유산을 공유하지 않는 많은 현대 국가에서도 그러한 것을 고취하는, 말하자면 공통된 전통을 '발명하는' 프로그램에 엄청난 자원이 투입된다. 이런 경우에 민족 문화를 공유하지 않는 집단들은 종족적 혹은 인종적 소수자로 분류된다.

전통적으로 국민국가는 자신들이 '하나의 민족, 하나의 언어, 하나의 문화'로 이루어졌다는 환상을 매우 효과적으로 고취해왔지만, 이런 소수 집단들이 저마다의 고유한 민족적 열망을 표명하면서 점점 더 거센 도전에 직면하고 있다. 또 새로운 여행 · 통신 기술에 힘입어 국경을 넘어선 사회적 유대가 예전에는 불가능했던 수준으로 형성되면서, 초국적 집단들도 민족 정체성 수립에 도전하고 있다. 예를 들어 이제 미스텍 공동체는 한 지역—와하카 산지의 한 농촌 마을—에 국한되지 않고 멕시코시티, 바하 칼리포르니아, 노스캐롤라이나, 캐나다 등 서로 다른 여러 지역에 존재하고 있으며 그 구성원들은 이런 다양한 지역들 사이를 오가며 생활한다. 이렇게 미스텍인들이 농촌뿐만 아니라 도시에서, 또 두 나라에 걸쳐 거주하게 되면서, 특정 지역 공동체의 소속 여부를 떠나 포괄적 미스텍 정체성에 기반한 노동조합이나 기타 조직들이 더불어 생겨났다. 이런 집단들은 그들이 어디에 있든 상관없이 미스텍인의 이익을 대변하기 시작했고, 특정 장소—미국—에서의 목적을 달성하기 위해 다른 장소—멕시코—에서 자원을 동원하기도 한다. 이 모두가 옛 보금자리나 새 보금자리에 있는 다음 세대의 미스텍인에게 무엇을 의미할지는 아직 두고 봐야 할 문제이지만, 이것이 민족지 연구의 활발한 전선임에는 분명하다.

민족주의 이데올로기가 위에서 말한 것 같은 초국적 공동체들의 출현으로 도전받고 있다면, 그와 비슷한—세계가 같은 관습을 공유하고 같은 언어를 쓰는 집단들로 나뉘어 있다는—조건에서 작동하는 인류학의 문화 개념 또한 도전에 직면한 셈이다. 19세기 독일 역사주의는 통일된 국가가 부재한 상황에서 무엇이 프로이센, 하노버, 바이에른 등지의 주민들을 한 민족으로 만드는가를 설명하기 위해 '가이스트(Geist)'—민족정신—라는 개념을 이용했고, 보아스가 그의 문화 개념을 고안할 때 이런 독일 역사주의 전통의 민족주의적 기획에서 영향을 받은 것은 명백하다. 앞에서 지적한 대로 이제 보아스학파의 문화 개념은, 비단 전통에만 한정하지 않고 의미에 초점을 맞추는, 보다 불확정적이고 덜 제한적인 개념에 자리를 내주었다. 비록 가리키는 범위는 저마다 다르지만 친족, 종족, 인종, 민족, 문화는 서로 연관된 개념들의 일족으로, 모두 로버트 로위가 '동류의식(consciousness of kind)'이라고 부른 것에 기초하고 있다.

'동류의식'

동류의식이 친족 이데올로기에 의존할 필요는 없다. 인류학자들은 친족에 기반하지 않은 집단들을 부정적이거나 잔여적인 (이를테면 '비친족' 집단 같은) 방식으로 정의해왔는데, 아마도 집단 정체성의 근거로서 한 핏줄이라는 관념—이 관념이 얼마나 실질적이든 상상적이든 간에—이 공동의 연대를 위한 가장 강한 보편적 토대로 여겨지기 때문일 것이다. 하지만 이렇게 집단생활을 규제하는 상이한 방식들이 서로 대립되거나 배타적인 것은 아니다. 철저히 친족에 기반한 사회에서도 연령과 성별을 토대로 유력한 집단이 형성되어 친족 기반 집단들 사이에 다리를 놓는 예를 찾아볼 수 있다. 예를 들어 아프리카의 일부 사회에서 남성들은 의례나 전쟁이나 그 밖의 공적 책무를 수행하기 위해 '연배(age-set)'별로 집단을 이룬다. 동아프리카의 '자르(zar)' 주술 같은 종교적 모임도 여성들에게 중요한 교차 정체성을 제공할 수 있다.

친족에 기반하지 않은 집단 가운데 가장 중요한 것은 아마도 지역 공동체일 것이다. 물론 친족 집단을 중심으로 조직되는 지역 공동체들도 있다. 예를 들어 아마존강 유역의 많은 마을들은 물리적으로나 이데올로기적으로 **반족**(半族, moiety)이라는 서로 대립되는 두 친족 집단으로 구성되어 있다. 하지만 세계 대부분의 지역 공동체는 그저 함께 거주하며 주고받는 일상적 상호작용에 근거하여 형성된다. 마을 생활과 도시 생활은 많은 차이가 있지만—또 실제로 인류학에도 뚜렷하게 도시에만 전념하는 하위 분과가 있지만—핵심은 그 구성원들이 지역 공동체에 일체감과 충성심을 갖는다는 점이다. 이런 일체감과 충성심은 그 구성원들이 공유하는 역사와 경험, 장소감, 그리고 독일 철학자 마르틴 하이데거가 말하는 '고향(homeliness)'에 대한 찬미에 뿌리를 두고 있다. 자신의 고향이나 출신 지역에 대한 충성심에는, 비록 종족처럼 핏줄을 공유한다는 이데올로기는 없지만, 주변 환경이 나의 형성에 지대한 영향을 끼쳤으며 이 환경을 공유한 사람들 또한 나와 비슷한 식으로 형성되었다는 인식이 수반되곤 한다. 이러한 장소감은 대단히 강렬할 수 있어서, 서부 아파치족의 경우 그들이 살아가는 고장의 특정 지형지물 이름에는 강렬한 도덕적 교훈이 담긴 이야기들이 암호화되어 아로새겨져 있다. 자기가 속한 국민국가보다 자신의 출신 도시나 지역에 더 큰 일체감과 충성심을 느끼는 데는 이탈리아인도 예외가 아니다. 뒤르켐이 예측했듯이, 잘게 파편화되기 십상인 대규모 지역 공동체에서 연대감을 창출하는 데는 흔히 집합 표상이 결정적인 역할을 한다. 우리는 1980년 필리스 구단이 월드시리즈에서 처음 우승했을 때 필라델피아의 공동체 의식이 질적으로 달라졌던 것을 생생히 기억한다.

물론 지역 공동체의 하위에 있거나 여러 지역 공동체에 걸쳐 있는 비친족 집단도 지극히 다양하게 존재한다. 종교 단체는 이례적으로 강력한 종류의 집단으로, 물리적 지역 공동체의 일부분을 구성하기도 하고, (수도원의 경우처럼) 지역 공동체 전체를 이루기도 하며, 몇몇 지역 공동체에 걸쳐 있으면서 전세계의 다른 많은 신자 집단과 연결되기도 한다. 가톨릭교회와 같은 종교 기관은 가장 오래되고 중요한 초국적 조직이다. 자발적 조직들도 비슷한 식으로 작동할 수 있다. 클럽이나 봉사 단체, 비밀 결사 등은 모두 자발적인 개인의 선택을 기반으로 개인들이 모여 상호작용하고 동류의식을 공유하는 수단을 제공한다. 예를 들어 자바를 비롯한 동남아시아 지역에는 순환식 신용조합이 아주 대중화되어 있다. 이웃이나 친구로 구성된 집단의 모든 성원이 매주 일정액을 부어서 한 사람씩 순서대로 몰아주는 것이다. 이런 조합은 저축의 동기를 제공하며, 정기적인 참여를 통해 친목을 다지고 공동의 지원을 받는다는 인식 때문에 소중히 여겨진다. 권력 및 정치경제에 더 명시적으로 관심을 기울이는 다른 종류의 집단도 있다. 예를 들어 노동조합은 특정한 업종이나 산업에서 일하는 공통된 경험에 근거한 동류의식, 그리고—특히 경영진 및 생산수단 소유주에 대항하여—공통의 이익을 추구한다는 인식에 의존한다.

사회계급이라는 현상은, 핏줄을 공유한다는 이데올로기에 의존하지 않는다뿐이지 다른 형태의 동류의식과 비슷하다. 그리고 계급은 다른 형태의 사회조직들을 횡단하는 정체성의 일종으로서 중요하다. 더구나 계급은 클럽이나 노동조합이나 종교단체가 요구하는 식의 명시적인 입회 자격을 요구하지 않는다. 계급은 명시적인 구조와 내용을 갖춘 사회 현상이지만 정치적 추상물이나 사회학적 구성물이 될 수도 있다. 사회계급의 현실을—특히 산업사회에서—부정할 사람은 없을 것이다. 카를 마르크스에게 계급은 정치경제적 현실을 반영하는 유일한 사회 집단이었다. 마르크스가 볼 때 특정인의 사회계급은 그와 '생산수단에 대한 소유권'의 관계에 의해 규정되었고, 다른 모든 사회 동학이 거기서부터 비롯되었다. 또 어떤 이들은 계급을 구별짓는 수단이나 개인 또는 집단이 사회의 계층 이동 사다리를 오르내리는 방식을 강조했는데, 이는 특히 사회학자들의 관심사였다. 인류학자들은 문화적 측면에 관심을 기울이는 경향이 있으며, 일례로 피에르 부르디외는 계급 구별을 창출하고 유지하는 '문화자본'의 축적과 소비에 대해 기술했다(제3장 참조). 대체로 인류학자들은 '후견-피후견(patron-client)' 관계나 '종속 관계(relationships of dependency)'와 같은 구체적인 분석 범주들을 좀더 많이 활용해왔다.

초국가주의와 지구화

고전적 인류학은 독특하고 응집된 문화로 이루어져 있으며 나머지 세계로부터 얼마간 찬란하게 고립된 채 살아가는 '타자(Other)'에 대한 환상에 의존했다. 인류학자들은 이런 환상이 다소 낭만적이고 허구적이긴 해도 편리하다는 것을 언제나 인정해왔으며, 문화 간 접촉이나 문화 특질의 확산 등에 관심을 기울이는 인류학자들도 언제나 있어왔다. 여전히 우리는, 실은 그렇지 않음을 인정하면서도 문화를 마치 잘 구획되고 잘 통합되어 있는 것처럼 이야기하는 경향이 있다. 하지만 20세기의 마지막 수십 년간, 신기술은 지역과 국가의 경계 너머로 흐르는 사람과 정보의 속도 및 양을 엄청나게 증가시켰다. 뜻하지 않은 기회를 잡는 데 언제나 열성적이었던 인류학자들은 최근 이러한 흐름을 관심 있게 연구하기 시작했고, 새로운 사회구성체의 출현은 언제나 사회과학에서 모형의 구축을 자극해왔다. 고전적 인류학의 고독한 민족지학자가 전지구적 성격을 띤 과정을 아우르길 바랄 수는 없기 때문에, 이는 상당한 방법론적 도전을 제기했다. 한 마을 공동체에 1~2년 거주하며 비교적 제한된 공간에서 사회생활의 동학을 익혀나가는 것과, 이를테면 난민촌에서 세계 곳곳의 여남은 개 이주민 공동체로 흩어진 사람들의 삶을 추적하는 것은 완전히 다른 문제다. 사람과 정보가 전에 볼 수 없었던 속도로 세계 속을 흘러다니고 있는 것은 분명하다. 이 가속이 인간 생활에 질적 차이를 만들어낼지, 아니면 단지 양적인 것에 그칠지는 알기 어렵다.

1914년 사라예보에서 1992년 사라예보까지의 한 세기를 마감한 지금, 민족주의나 민족국가의 죽음을 선언하는 것은 확실히 시기상조다. 하지만 민족국가의 자율성과 권위를 위협할 정도는 아니더라도 최소한 시민의 의미를 재정의하고 있는 다양한—문화적 · 경제적 · 정치적—힘들이 존재하는 것은 분명하다. 이런 힘들은 새로운 경제 과정의 성장에서 가장 두드러진다. 국제통화기금과 세계은행 같은 조직들이 국가 경제에 엄청난 충격을 미칠 수 있고, 세계의 한 지역의 호황과

불황이 다른 지역의 주식 시장을 들썩이게 할 수도 있는 것이다. 이런 심대한 영향에도 불구하고 이런 조직들은 그 어떤 정부나 국가에 대해서도 책임을 지지 않는 듯 보인다. 초국적 기업의 경우, 그들은 국가 정부의 통제에서 어느 정도 벗어나 일종의 국제적 문화를 만들어나가고 있는 듯하다. 인류학자들은 이런 전지구적 과정이 우리가 전통적으로 연구해온 사람들에게 영향을 끼치는 방식에 깊은 관심을 기울여왔다. 노동 이주난민에 대한 연구나 정부의 원주민 관련 정책 및 정치에 대한 연구들이 오늘날의 인류학 학술지들을 채우고 있다. 또 어떤 인류학자들은 문화 자체의 세계화에 관심을 기울이게 되었다. 패스트푸드 체인, 세계 박람회, 스포츠 이벤트, 영화, 관광 명소 등은, 혼성적이고 탈영토화된 실천과 이미지들이 소비를 둘러싸고 새롭게 출현하고 있음을 나타내는 전형적인 보기다.

그러나 오늘날 우리가 보고 있는 세계화와 초국가주의의 과정은 아주 오래 전부터 이어져온 역사적 과정의 연장일 뿐임을 기억하는 것이 중요하다. 그 어떤 문화도 완벽히 고립되어 존재한 적은 없었다. 여기에 적절한 고전적인 예가 평원 인디언(수, 오마하, 크로, 샤이엔, 쇼쇼니 등)의 사례다. 그들이 유목민식으로 들소를 사냥하고 멋진 기마 전투를 벌였던 것은 어디까지나 16세기 스페인 식민 지배자들이 북아메리카에 말을 들여왔기 때문이다. 비슷한 사례로, 우리의 친구인 칼 호프먼

(Carl Hoffman)은 보르네오섬 내륙의 푸난(Punan)이라는 수렵채집민을 연구했는데, 수백 년간 수렵채집민이었다고 여겨져 온 그들 중 다수가 원래는 농민이었고, 멀게는 중국을 비롯한 외지 시장의 수요를 대기 위해 구타페르카 고무, 식용 제비집, 밀랍 같은 임산물을 채취하려고 수렵채집 경제를 택한 것이라는 결론에 도달했다. 호프먼의 결론은 논란의 여지가 있지만, 인류학자들이 연구하는 사람들이 복잡한 세계적 노동 분업에 오래전부터 참여해온 것만은 분명하다. 국가 정부의 통제에서 부분적으로 벗어난 초국적 조직 또한 새로운 것이 아니다. 우리는 이미 그 수백 년 된 사례로서 가톨릭교회를 언급한 바 있다.

마찬가지로, 우리는 단일하고 동질적인 글로벌 문화의 출현이라는 개념을 상당히 회의적인 시각으로 받아들여야 한다. 한 학생은 이렇게 말했다. "보세요, 그 사람들도 청바지를 입고 우리도 살사 소스를 먹잖아요. 그러니까 모두 같은 것 아닌가요?" 사실 우리가 보기에는 이런 표면적 유사성이 심대한 문화적 차이, 구조적 차원에서 작동하는 차이를 가리고 있는 것 같다. 글로벌 시장의 확대와 지역 정체성 및 가치의 재생산이 반드시 서로 모순되는 것은 아니다. 예를 들어, 혹자는 일본이 산업자본주의와 자유민주주의를 도입하면서 사회 조직의 토대가 완전히 바뀌었다고 생각할 수도 있다. 하지만 일본의 인류학자인 나카네 지에(中根千枝)는, 서양은 사람과 집단이 지역 공동체나 기업체 등의 국지적 현장들을 횡단하는 수평적 계층들(예를 들어 노동조합)로 조직되는 경향이 있는 반면, 일본에서는 계급이나 전문 분야 등의 계층을 종단하는 수직적 조직에 대한 선호가 뚜렷하다고 지적했다. 다시 말해 미국 포드사의 조립 라인 노동자들은 자사 경영진보다 제너럴 모터스사의 조립 라인 노동자들에게 동류의식을 느낄 확률이 더 높고, 경영진들도 이와 마찬가지다. 그러나 나카네에 따르면, 일본 혼다사의 자동차 노동자들은 도요타사의 노동자들보다 자사의 동료 노동자 및 경영진에게 더 큰 일체감을 느낀다. 일본인들은 산업체 조직에서 상부에서 하부로의 위계적 일체감을 비롯한 가족 이데올로기를 강조하는 경향이 있고, 다양한 집합 표상—사기(社旗), 사가(社歌), 유니폼 등—을 동원하여 충성심과 복종심을 강화한다. 나카네는 이것이 일본 특유의 일처리 방식이며 이러한 일처리 방식이 산업화에 맞게 적응했지만 다른 한편으로는 산업 조직의 겉모습을 바꾸기 시작했다고 주장한다. 우리가 이 장을 집필하는 동안, 한 일본 기업의 중역이 최근의 사업 부진에 따른 '구조조정'으로 노동자들에게 고통을 준 데 책임감을 느껴 자살했다는 기사가 신문에 실렸다. 미국이나 유럽 기업의 중역이 불유쾌하지만 경제적으로 불가피하다고 여기는 일에 대해 일시적인 양심의 가책 이상의 감정을 느끼는 경우는 상상하기 힘들다. 항의 자살이라는 너무나 일본적인 대응 방식을 택하는 경우라면 더 말할 것도 없다.

제 6 장

누요에서의 축제: 사람들의 소유물

평상시의 누요는 나른하고 조용한 작은 마을이다. 사람들은 이른 아침부터 들로 밭으로 일하러 나가서 오후 늦게야 집에 돌아온다. 하지만 피에스타(fiesta, 축제)가 열리는 날은 완연히 다르다. 누요테코인들은 성인들에 대한 정교한 숭배 의례를 엄수해서 매년 스물네 번의 축제를 치르며, 그중 일부는 길면 사흘까지도 계속된다. 이곳 부락의 수호성인인 산티아고 같은 중요한 성인의 축제 때는 장이 서고, 농구 토너먼트가 열리고, 화려한 행렬이 펼쳐지고, 사제가 와서 미사를 집전한다. 이 모든 행사의 핵심 인물은 주로 부부지간인 남성 한 명 여성 한 명으로 구성된 '마요르도모스(mayordomos)'로, 이 커플이 종교 행사를 조직하고 축제에 참석한 수백 명에게 많게는 아홉 끼의 식사를 제공하는 일을 책임진다. 한 가구에서 이렇게 많은 손님을 대접하는 데 필요한 음식을 다 구입하고 준비할 수는 없기 때문에, 누요테코 사람들은 피에스타의 재원을 마련하기 위해 '사 사아(saa sa'a)'라는 호혜적 교환 체계에 의존한다. 이 커플은 자기 마을에서 피에스타를 열기 1~2년 전부터 다른 마을의 누요테코인들이 주관하는 피에스타에 참석하여 그곳 손님들의 식사 제공에 쓸 토르티야(보통 60바구니가 기본이다), 콩, 술, 현금을 기부한다. 그리고 자기 마을의 피에스타가 돌아오면 그동안 기부한 것을 동일한 방식으로 돌려받을 수 있다. 이때는 피에스타 주최를 앞둔 다른 마을의 누요테코 사람들이 음식과 술과 현금을 들고서 찾아오며, 주최 측 커플은 이때 받은 것을 다시 다른 마을의 피에스타 차례가 돌아왔을 때 갚는다. 그러니까 '사 사아' 덕분에 누요테코인들은 피에스타에 필요한 대량의 물자를 모을 수 있고, 이렇게 물자를 모으는 데 드는 비용을 장기간에 걸쳐 분산시킬 수 있다. 또 이는 복잡한 교환 사이클 속에서 개별 가구를 다른 많은 가구들과 연결해준다.

피에스타는 보통 즐거운 시간이고 사람들은 이후에도 주최자의 집에 며칠씩 머무르며 남은 음식을 먹고 가십과 농담을 주고받곤 한다. 하지만 존이 참석했던 한 피에스타는 사뭇 달랐다. 시작은 무난했지만, 중간에 모두를 긴장하게 만든 사건이 발생했다. 식사중에 누군가가 먹고 있던 토르티야 안에서 머리카락 한 뭉치가 나온 것이다. 사람들은 이 머리카락이 시체에서 잘라낸 건 아닌지 의심했고 사악한 주술을 부리려는 시도라고 믿었다. 이 사건이 누요테코인들을 특히 불안하게 만들고 피에스타에 짙은 먹구름을 드리운 것은 주술이 토르티야에서 머리카락을 발견한 특정인뿐만 아니라 그들 모두를 겨냥한 것으로 해석되었기 때문이다.

누요테코인들이 피에스타를 열 때 주최측이 모은 음식에는 특별한 일이 일어난다. 회원들이 자기가 기부한 음식을 두고 가면, 이 음식들은 다른 참석자들이 가져온 물품들과 합산되어 함께 놓인다. 이 시점에는 어떤 물품이 어디서 왔는지 아무도 신경쓰지 않고 기부된 것들은 의도적으로 한데 섞이므로, 사람들은 피에스타중에 식사를 하거나 음식물을 나눌 때 여러 사람이 만든 음식을 받아먹게 된다. 누요테코인들은 이 음식 창고를 한 가구의 식료품 저장고에 명확히 빗대어, 피에스타 음식을 먹으면 한 가구의 일원이 된 것이나 다름없다고 말하곤 한다. 다시 말해서 사람들은 저마다 다른 식구의 일원으로서 피에스타에 오지만, 음식을 나누어 먹는 과정을 통해 한 식구가 되는 것이다. 흔히 누요테코인은 자신들을 '한 토르티야를 먹는 사람들'이라고 규정하곤 하는데, 이 이미지는 한 식구끼리의 공유에 기초한 통합을 의미한다. 토르티야 속의 머리카락이 그토록 꺼림칙했던 것은 주술을 부린 자가 피에스타 음식에 독을 넣음으로써 이 정상적인 교환의 의미를 전복하고 공동체 전체를 공격할 수 있었기 때문이다. 게다가 누요테코인의 피에스타에는 외부인이 거의 참석하지 않으므로 주술사는 틀림없이 그들 중의 한 명이었다.

누요테코인의 교환에는 냉정한 손익 계산을 뛰어넘는 무엇이 분명히 존재한다. 이는 '사 사아'에 경제적 효용이 없다는 말이 아니다. 실제로 '사 사아'는 신용과 부채의 순환을 통해 한꺼번에 큰 지출을 감당하는 매우 효율적인 방식이다. 하지만 피에스타 교환은 사람들이 물질을 이용하여 서로의 관계를 유지하고 창출하고 또 (토르티야에서 머리카락이 나온 사례의 경우처럼) 변화시킨다는 것을 보여주기도 한다. 예로부터 존과 같은 인류학자들은, 교환 연결망 내에서 사람들 사이에 오가는 재화와 용역의 흐름을 사회의 응집과 경쟁, 권력과 위신, 위계와 연대를 검토하는 출발점으로 삼아왔다. 간혹 이런 교환의 경제적 효용이 거의 없다시피 한—즉 거래에 참여하는 집단이나 개인 간에 존재하는 사회적 유대를 표시하는 것이 그 교환의 전부인—경우도 있다. 그러나 누요테코인의 호혜성을 과도하게 낭만적인 시각으로 보지는 말도록 하자. 비록 '선물 교환(gift exchange)'이라 불리기는 해도 사람들은 이에 대한 명확한 보답을 기대하기 때문에 우리가 말하는 공짜 선물과는 엄연히 다르다. 그렇기는 해도 이 거래의 목적은 타인을 희생시켜서 이익을 얻는 것이 아니다. 미스텍인들은 누가 그런 기색을 내비치기만 해도 대경실색할 것이다.

피터가 현지조사중에 경험한 다음의 일화는 호혜성의 원칙이 선물을 받는 이에게 의무를 부과하는 동시에 정치적 자원으로 이용되는 방식의 한 예일 수 있다. 피터와 그의 아내 앤은 비마 타운을 방문할 때면 그곳의 정치 지도자인 하지 M. 자파르 아민의 집에 묵곤 했다. 하지 자파르 아민과 그의 아내 하자 시아라피아(Haja Syarafiah)는 집주인으로서 자주, 또 오랜 기간 그들을 무척 친절하게 대해주었다. 피터와 앤은 당연하게도 그들의 환대에 보답해야겠다고 마음먹고, 저지대에 사는 이 집주인 부부를 동고에 있는 그들의 집에 초청하고 싶다고 몇 번이나 제안했다. 수없는 요청 끝에, 이 비마인 부부는 마침내 초청에 응하여 도로 은티카까지 어려운 걸음을 했다. 마을 사람들은 자기 지역의 저명한 정치인을 접대하게 되었다는 데 매우 흥분했고—하지 자파르 아민은 당시 비마 지방의회의 의장이었다—그를 주빈으로 모실 잔칫상을 정성 들여 준비했다. 도우 동고인들은 손님을 후하게 대접한다는 데 자부심을 느끼고 있으며, 집주인이 가진 것이 닭 한 마리뿐이더라도 불쑥 찾아온 손님을 대접하기 위해 기꺼이 그 닭을 잡을 것이라고들 이야기하곤 한다. 그런데 잔치에 참석한 하지

12. 하지 M. 자파르 아민과 하자 시아라피아. 이 비마인 부부는 피터와 앤이 비마 타운에 머무는 동안 그들에게 소중한 친구이자 너그러운 집주인이었지만, 하지 자파르 아민은 무슨 이유에서였는지는 몰라도 동고의 잔치에 초대받았을 때 음식을 먹지 않았다. 그는 인도네시아 독립 투쟁에 적극적으로 참여했고 비마 지방정부의 교육문화부 장관과 지방의회 의장을 지냈다. 하자 시아라피아는 비마인 귀족의 딸로 우아하고 지적이고 활력 넘치는 여성이었다.

자파르 아민은 주위 사람들과 대화를 즐기면서도 음식은 한 점도 먹으려 들지 않았다. 그의 아내는 난처해했고 피터와 앤은 어리둥절했지만 마을 사람들은 낭패감에 어쩔 줄을 몰랐다. '이렇게 아무것도 먹지 않으면, 어떻게 그에게 도와달라고 부탁할 수 있겠는가?' 그들은 이렇게 불만을 토로했다. 지금까지도 피터와 앤은 왜 하지 자파르 아민이 음식을 먹지 않았는지 확실히 알지 못한다. 고기가 '할랄'(무슬림이 먹기에 적절한 음식)이 아닐까봐 걱정한 게 아닐까 싶기도 하지만, 그저 음식을 받아먹고 난 뒤 보답할 의무가 생기는 상황을 피하고 싶었던 게 아닐까 하는 생각도 든다. 어쨌거나 이 일화에서 피터와 앤이 자신이 받은 환대에 보답해야 한다고 느꼈던 대목이나, 마을 사람들이 환대를 정치적 자원으로 활용하려 시도했다가 실패한 대목은 '선물'이 지닌 보편적인 힘을 잘 보여준다.

교환의 정치

호혜적 거래가 언제나 완벽한 대칭을 이루는 것은 아니며, 언제나 주는 이와 받는 이 사이의 평등을 의미하지도 않는다. 많은 경우에는 주는 쪽이 받는 쪽보다 물질적인 면에서는 아니라도 도덕적으로 더 우월하다고 여겨지며, 준 선물과 동등하거나 (가능하다면) 보다 나은 답례가 올 때까지 그 우월한 위치를 누린다. 받은 선물에 대해 정확히 똑같이 답례하는 것은 적대적인 행위로 비칠 수도 있는데, 이는 교환으로 쌓아올린 관계를 사실상 끝내버리는 효과가 있기 때문이다. 동시에, 우리 모두는 이를테면 크리스마스에 선물을 교환하면서 상대방이 내가 준 선물보다 월등히 비싼 선물을 나에게 주었을 때 내심 불편했던 경험이 있을 것이다. 물론 이미 크게 비대칭적인 사회관계에서는 이것이 적용되지 않는다. 예컨대 직원이 사장한테 받은 선물이 자신이 사장에게 답례로 준 선물보다 더 좋은 것이더라도 직원은 불편하게 느끼지 않는다. 그러므로 선물의 의미를 판단할 때는 주는 쪽과 받는 쪽 사이의 사회적 관계가 결정적으로 중요하다.

호혜성의 정치를 보면, 공동의 연대 말고 다른 것도 교환의 동기가 될 수 있음을 알 수 있다. 19세기 미국과 캐나다 북서부 해안의 아메리카 원주민 집단들 사이에서 행해진 경쟁적 교환이 그 적절한 사례다. 서로 경쟁 관계에 있는 집단들은 '포틀래치(potlatch)'라는 행사를 열어서 상대방이 쉽게 답례할 수 없을 정도로 큰 선물을 주려고 노력했다. 이는 그들의 우월한 경제적 · 사회적 권력을 과시하는 수단이었다. 이 사회들이 모피 교역에 참여하면서 그 대금으로 대량의 공산품이 유입되자, 이런 경쟁적 교환의 빈도와 규모는 한층 증가하여 급기야 일부 관찰자들이 포틀래치를 '재산을 가지고 벌이는 전쟁'이라고 말할 정도에 이르렀다. 정상적으로는 대규모 교환에 필요한 재화에 접근할 길이 없었던 사람들도 갑자기 자기보다 위계가 높은 집단과 개인에게 압도적으로 큰 선물을 줄 수 있게 되었다. 식민 정부에 의해 금지되기 전까지, 증여자의 부와 우월성을 과시하려는 노력의 일환으로서 많게는 수천 장의 담요, 몇 톤의 식료품, 대량의 귀중품이 포틀래치 선물로 경쟁자에게 주어지거나 때로는 그냥 파괴되기도 했다.

이런 식의 비대칭은 물질적 재화로 답례할 능력이 전혀 없는 의존 관계에서도 작동한다. 이런 경우에는 복종이나 경의나 충성으로밖에 보답할 길이 없다. 의존 관계가 사회경제 체제의 일부로 자리잡은 사회에서 그 결과는 인류학자들이 말하는 '피후견 관계(clientage)', 즉 부유하거나 힘 있는 후견인과 그들에게 물적 자원이나 보호를 의존하는 이들 사이의 관계가 된다. 가장 덜 모멸적인 후견-피후견 관계에서는 후견인측이 '노블레스 오블리주' 의식을, 피후견인측이 진정한 충성심을 유지한다. 19세기와 20세기 초 미국 도시들의 구식 보스 정치에서는 정치적 후견인이 갓 이민 온 자기 피후견인들에게 표를 대가로 공무원 직과 서비스를 나눠주기도 했다. 좀더 착취적인 상황에서 피후견 관계는 후견인측의 갈취나 다름없어진다. 그리고 사람들이 너무 가난해져서 더는 스스로 생계를 유지할 수 없어 남의 하인으로 들어가게 될 때, 극단적인 의존은 특정한 종류의 노예 상태로 귀결될 수 있다.

이런 사례들이 보여주듯 경제 관계는 정치·사회적 관계 속에 떼어낼 수 없이 묻어들어 있기 때문에, 그 사회의 수많은 다른 측면들을 고려하지 않은 채로 실물 경제를 이야기하기란 어렵다. 문제는 우리가 자본주의 경제에 너무 깊이 매몰되어 있어서 시장에서 사고파는 행위만이 유일한 '경제' 행위이며 국민국가만이 그러한 활동의 유일한 배경이라고 가정하는 경향이 있다는 것이다. 하지만 앞에서 보았듯이 호혜성 또한 인간 생활에서 똑같이 중요한 경제 원리가 될 수 있으며, 많은 사회의 경제생활을 온전히 이해하려면 신부대, 선물 교환, 공물, 제물 같은 광범위한 비시장 거래와 씨족 조직, 카스트, 노예제, 왕정 같은 특수한 제도들도 고려해야 할 것이다.

생산

사람들과 그들의 소유물을 교환과 그것을 둘러싼 사회관계의 관점에서 보는 것은 인류학자들이 경제에 접근하는 하나의 중요한 방식이다. 경제를 보는 또하나의 방식은 생산이라는 렌즈를 통해 들여다보는 것이다. 카를 마르크스는 자연을 변형시킴으로써 창조하려는 열망이 인간성의 본질이라고 보았다. 그래서 사회를 생산관계에 따라 원시 · 봉건 · 아시아적 · 자본주의 · 공산주의 사회로 분류했다. 인류학에서 중요한 신(新)진화론 학파는 사람들이 생산을 위해 스스로를 조직하는 방식, 그들이 활용하는 기술, 그것이 작용하는 환경을 토대로 고유의 진화적 유형론을 발전시켰다. 이 분류에 따르면 인간 사회에는 네 가지 기본 패턴이 존재한다. **수렵채집 사회**(foraging society)는 사람들이 비교적 규모가 작고 유연하고 유랑하는 집단을 이루며, 야생에서 식량을 수렵하고 채집하기 위해 고안된 생존 기술을 보유하고, 상대적으로 넓은 범위의 땅을 무대로 생활한다. **부족 사회**(tribal society)는 사람들이 (흔히 혈통의 유대로 연결된) 좀더 큰 집단을 이루며, 일종의 원시 농경이 가능한 (땅 파는 막대기나 숲의 나무를 베는 도끼 같은) 도구나 기술을 보유하고, (집단의 규모와 구성이 환경의 변화에 따라 달라지는) 수렵채집 사회와 달리 식량을 저장하고 보존하는 능력이 있어서 계절에 따른 식량 공급량의 변화로부터 어느 정도는 스스로를 보호할 수 있다. 세번째 사회 유형인 **추장 사회**(chiefdom)의 사람들은 고귀하거나 신성한 조상과의 혈통적 근접성에 따라 등급이 매겨진 사회 집단으로 분류되며, 평민은 귀족에게 일종의 공물을 바친다. 추장 사회는 더 많은 인구를 유지하는 경향이 있으며, 관개 기술처럼 큰 비용이 들지만 식용 작물을 보다 집약적으로 생산할 수 있게 해주는 기술을 활용하기도 한다. 끝으로 **국가**(state)는 복잡하게 계층화되어 있고 흔히 도시 요소와 농촌 요소로 분리된다. 농촌 요소, 혹은 농민 부문은 고도로 발달한 농업 기술로 잉여 작물을 생산하여 도시를 부양하고, 도시는 다종다양한 기술의 전문가들이 참여하는 고도로 복잡한 노동 분업을 유지한다. 신진화론 고고학자들은 이를 고정된 진화 단계로서 받아들이지 말 것을 경고하지만, 학파를 막론한 많은 인류학자들이 이런 유형 체계를 대략적인 분류 도구로 꾸준히 사용하고 있다.

소비

사람들이 무언가를 원할 때, 그 이유는 무엇일까? 이에 대해 경제학자는 인간의 기본적인 욕구(식량, 주거 등등)를 열거하며 대답하기 시작할 것이다. 그러고 나서 특정 재화의 희소성, 수요-공급의 동태, 그것의 소비가 어떻게 소비자를 부유하거나 중요한 개인으로 만들어주는지에 대해 논의할 것이다. 심리학적 설명 또한 적용될 수 있다. 하지만 소비 결정에는 다른 변수들도 개입한다. 미국의 경우, 가장 중요한 경제 지표 중 하나인 소매 매출은 크리스마스를 전후로 정점에 달한다. 그러나 이와 다른 교회력을 쓰는 터키의 경제는 비슷한 주기성을 보이지 않을 것이다. 심지어 식량과 같은 인간의 필수 요소도 문화적 변수에 의해 굴절된다. 스페인 정복자들이 신세계에 처음 도착했을 때, 주변에 옥수수, 사냥감, 과일, 채소가 풍부했는데도—그들이 건강한 식단의 필수 요소라고 믿었던—포도주나 밀이나 올리브유를 구할 수 없다는 이유로 스스로 굶주리고 있다고 믿었던 건 그 때문이었다. 과시적 소비의 경우, 사람들은 자신이 남들과, 아니 적어도 남들 대다수와 다르다는 것을 과시하기 위해서 특정한 물건을 원한다. 하지만 유능한 광고 회사 경영진이라면 모두 알다시피, 자신이 어느 집단의 일원이고 어느 집단의 일원이 아님을 표시하고픈 소비자의 욕망은 의복에서 자동차에 이르는 광범위한 상품의 매출을 올려주는 일등공신이다.

따라서 소비는 저절로 되는 게 아니라 학습해야 하는 것이며, 한 사회에서 가치 있는 물건으로 학습되는 것이 다른 사회에서는 그렇지 않을 수도 있다. 그 좋은 예로 앨프리드 겔(Alfred Gell)이 말한 '이국적 소비(exotic consumerism)'를 들 수 있다. 존은 미국 테네시에 사는 한 미스텍인 친구를 자기 차로 멕시코의 고향집까지 태워다주기로 했다. 출발하는 날, 그 친구는 텔레비전 석 대, 헤어드라이어 하나, 전기톱 하나, 가솔린 랜턴 하나, 대형 휴대용 카세트 라디오 하나, 마이크 하나, 그 밖의 전자제품을 잔뜩 싸들고서 나타났다. 중고품인데다 대부분은 작동이 (전혀 안 되거나) 제대로 안 되는 것들이었다. 그 짐을 다 차에 욱여넣으려고 한참을 씨름하다가 짜증이 난

존은 친구를 돌아보며 이렇게 말했다. "이 쓰레기더미를 다 이고 가겠다니 도저히 믿을 수가 없어. 게다가 너희 마을에는 전기도 안 들어오잖아." 나중에 존이 미스테카의 외딴 시골에 있는 그 친구네 집을 찾아가 보니 그 물건들이 집안에 고스란히 있었을 뿐만 아니라, 대부분은 탁자와 선반 위에 마치 박물관의 유물처럼 전시되어 있었다. 이것들은 그가 하고 돌아온 여행의 증거품이자, 그의 서구 전자제품 소비 능력을 과시하는 수단이었던 것이다. 그로부터 6개월 뒤, 존은 그 친구를 다시 미국으로 태워다주었다. 얼마 뒤 차에 도자기 그릇, 나무껍질 종이에 그린 전통 회화, 직물 깔개와 담요, 짚바구니, 종이반죽 인형 등을 꽉꽉 욱여넣은 사람은 다름 아닌 존이었다. 거대한 항아리를 무릎 위에 얹고서 8시간을 달린 끝에 차에서 내린 미스텍인 친구는 다소 짜증이 난 말투로 꼭 6개월 전에 존이 했던 말을 거의 그대로 되돌려주었다. '이 쓰레기더미를 다 돈 주고 사서 들고 왔다니 도저히 믿을 수가 없어. 게다가 너는 이 그릇들을 조리하는 데 쓰지도 않잖아!'

화폐와 시장

신디 로퍼가 말했듯이, '돈이 모든 걸 바꾼다(money changes everything)'. 단순한 사회에서 이루어지는 호혜와 교환의 정치에서 거래의 '경제적' 가치는 거래로 맺어지는 사회관계에 종속된다. 어떤 (중요한) 의미에서 각각의 거래는 교환에 참여하는 개개인만큼이나 독특하다. 말리노프스키는 트로브리안드제도 사람들이 다른 멜라네시아 섬사람들과의 복잡한 교환 '고리(ring)'에 참여하는 것을 관찰했다. 이 고리에 참여하는 개인들은 평생토록 맺어진 교역 파트너와 모종의 재화를 교환하기 위해 먼 거리를 여행한다. 이 '쿨라 고리(kula ring)'를 따라 물품들이 순환하면서 그것이 거래되어온 역사와 그 이전 소유자들의 내력도 함께 순환하므로, 각각의 교환과 각각의 물품은 독특한 생애사를 지니게 된다. 현대 경제의 주춧돌인 화폐와 시장 교환은 정확히 그 반대의 효과를 띠며, 이는 매우 의도적인 것이다. 가치를 공통의, 규격화된, 태환 가능한 표준으로 환원하면 교환의 효율이 그 속도와 총량 면에서 현저히 증대하기 때문이다. 지폐의 경우처럼 교환 매개체의 실질 자체에 가치가 내재되어 있지 않을 때, 교환이 추상으로 이전되는 과정은 거의 완료된다. 그리고 온라인 이체와 같은 보다 새로운 기술들이 이 과정을 완성시킨다.

화폐는 앤서니 기든스가 '현대 사회의 역동성'을 이루는 요소로서 꼽은 '장소 귀속성 탈피 기제(disembedding mechanisms)'의 한 예로 받아들여지기도 한다. 가치를 전문적 시스템에 의해 생산되고 관리되는 상징적 지표로 전환함으

13. 미스테카의 한 부락인 산토 토마스 오코테펙에 일주일에 한 번씩 서는 시장. 한 부락의 수요만으로는 상설 시장을 유지할 수가 없어서 마을별로 돌아가며 장을 연다. 누요에서는 매주 토요일에 장이 선다.

로써, 화폐는 생산과 교환의 국지적 특수성을 소거한다. 하지만 이 또다른 전통/현대 이분법으로 미끄러져 들어가기 전에, 우리는 이 전이가 우리 생각만큼 완벽하지 않다는 점을 염두에 두어야 한다. '현대적' 통화도 상징이며, 그런 면에서는 미개 사회의 귀중품과 비슷하다. 예를 들어 1달러짜리 지폐에는 '시조(始祖)'인 조지 워싱턴이 그려져 있고, 의례 언어인 라틴어가 쓰여 있으며, 미국을 세운 최초의 13개 주 연방에 대한 암시가 있고, '신(God)'이 거듭 언급되어 있다. 이런 요소들은—대부분의 통화가 그렇지만—이 지폐를 발행한 국가의 힘과 안정성을 상징한다. 미국이 막대한 무역 적자를 기록하는 시대에 달러가 다른 통화에 비해 강세를 보인다는 것은 달러의 가치가 신뢰와 인지에 기반한다는 사실을 강조하는 데 기여할 뿐이다. 게다가 자본주의 경제 내에도 지하철 토큰, 상품권, 쿠폰, 푸드 스탬프 등 용도가 제한된 수많은 형태의 화폐가 존재하며, 이를 다른 통화로 변환하는 것은 불법이라는 경고가 붙어서 발행되곤 한다. 그리고 심지어 미국에서도 돈으로 모든 걸 살 수는 없다. 최근에 신체 장기와 성직자 자격증이 경매 사이트에 매물로 나와서 공분을 샀던 일들을 떠올려보자.

현대적 통화가 사회이론가들이 주장하는 것만큼 독특하지는 않더라도, 생계 위주의 경제로부터 시장 경제로의 이행이

14. 틀락시아코의 시장. 누요가 속한 지방의 중심지이자 중앙 시장인 틀락시아코의 시장 매대 뒤에 한 여성이 앉아 있다. 그녀의 뒤편에 서 있는 트럭은 이를테면 오코테펙 같은 시골장으로 상품을 운송하는 데 쓰인다. 이 상인들은 원주민에게서 농산물을 구매하기도 한다. 틀락시아코의 상업과 정치는 비원주민 가문들로 구성된 한 소수 집단이 거의 장악하고 있다.

사람들의 삶에 끼친 심대한 영향을 부인할 수는 없다. 동고는 1980년대 초에 피터가 현지조사를 수행했을 때 그런 이행이 이루어지는 중이었다. 그전까지 도로 은티카 사람들의 노동과 생산 활동은 주로 자신이 먹을 식량을 재배하고 자신에게 필요한 물건을 만들기 위한 것이었다. 마을 사람들은 전부 농사를 지었고, 여자들은 모두 길쌈에 능숙해서 가족이 입을 옷을 직접 지었으며, 남자들은 모두 목수 일에 능숙해서 친족과 친구들의 도움을 받아가며 자신이 살 집을 직접 지었다. 하지만 최근 들어 교육이 도입되고 다른 종류의 기회가 열리면서, 마을 청년들 중 일부는 교사, 경찰, 간호사가 되었다. 부모들은 자녀에게 이런 기회를 마련해주고 싶어하며, 또 이런 직업이 제공하는 현금 소득을 얻음으로써 돈으로만 살 수 있는 사치품과 소비재를 갖고 싶어한다. 그러나 자녀 교육에도 현금이 든다. 이런저런 이유로 이제 많은 도우 동고인들은, 농민이 직접 소비하지 않고 저지대 시장에 내다팔아서 돈을 벌 수 있는 땅콩이나 대두 같은 환금 작물을 재배하는 데 상당한 품을 들이게 되었다. 남자들은 건기에 마을을 떠나 정부 건설 사업의 공사장에 가서 노동자로 일하는 경우가 많아졌다. 현금 경제로의 전환은 소비재와 의약품을 구할 수 있게 해주는 등의 큰 이점도 있지만, 새로운 위험에 사람들을 노출시키기도 했다. 환금 작물에 너무 많은 자원을 투입하면 세계 수요-공급의 등락에 따라 작물 가격이 요동칠 때 시장의 힘에 속수무책으로 휘둘리기 때문이다. 또 다양한 전통 생계 작물들이 단일 작물로 대체됨에 따라 영양 면에서 오히려 더 궁핍해질 수 있다. 그 밖에도 국제 노동 시장에의 참여는 일부 사람들의 가내 노동 부담을 증대시키기도 한다. 외지로 일하러 떠난 남성과 젊은이를 대신하여 여성과 노인들이 들일을 감당하면서 사실상 두 배로 일해야 하는 상황이 되는 것이다. 이렇게 이주 노동자 가구의 나머지 성원들이 기본적인 생계 조달 책임을 떠맡기 때문에, 가족 부양 비용을 댈 필요가 없는 이주 노동자의 임금은 인위적으로 낮게 유지될 수 있다.

제 7 장

비마에서의 가뭄: 사람들이 믿는 신

도우 동고인과 비마인은 숨바와섬의 동쪽 지역을 공유하고 있다. 비마인은 도우 동고인과 같은 언어를 쓰고 많은 역사를 공유하지만 인구가 훨씬 더 많고 더 열렬한 무슬림이다. 이 지역의 기후는 우기와 건기가 뚜렷이 구분되는 것이 특징으로, 우기에는 거의 매일 비가 내리는 반면에 건기에는 섬 전체가 사막으로 변한다. 비마인과 도우 동고인은 모두 비에 의존해서 농사를 짓기 때문에 우기가 도래하는 시점이 결정적으로 중요하다. 비가 오지 않는 날이 길어지면 동고 고지대와 비마 저지대 사람들은 점점 더 불안해했다. 특히 그들 중 다수는 비가 전혀 안 내리면 말 그대로 굶주려야 하는 자급농이었기 때문에 상황은 더 심각했다. 이런 위기에 대해 두 집단이 보인

상이한 대응은 흥미롭고도 교훈적이다. 무슬림 저지대인들은 단식과 기도의 날을 선포하고, 신에게 비를 내려달라고 간청하기 위해 비마 타운의 중심부에 있는 대사원으로 모였다. 하지만 동고 고지대에서는 공동체의 지도자이자 의례 전문가인 마을의 존경받는 원로들이 산속의 특정한 샘을 찾아 숲으로 들어갔다. 그들은 샘 입구에 쌓인 낙엽과 잔해들을 깨끗이 걷어내고는 쌀, 쌀로 빚은 술, 빈랑 열매, 담배를 제상에 올리고 그 자리에서 닭을 잡아 바쳤다. 정상적인 물줄기와 빗줄기를 가로막고 있는 심술궂은 혼령들을 달래려는 것이었다. 이 사례에서는 이런 두 가지 노력이 행해진 뒤 며칠 만에 우기가 시작되었고, 그해 농사는 예년보다 오히려 더 풍작을 거두었다.

이 이야기는 종교의 본질에 대해 많은 것을 알려줄 수 있다. 이런 위기에 대한 두 집단의 대응이 서로 정확히 어떻게 달랐는지부터 이야기해보자. 무슬림에게 매년 내리는 비란 모든 좋은 것들이 그렇듯이 유일하고 전능하고 지고한 신인 하나님이 내려주시는 선물이다. 인간은 신의 선의에 의존하며, 신의 선의는 다시 인간의 행동에 따라 달라질 수 있다. 이슬람의 하나님은 그 정의상 완전히 초자연적이고 형체가 없으며 지구상의 모든 존재에 선행한다. 한편, 도우 동고인에게 비란 자연 질서의 일부이며, 이 질서가 흐트러지지만 않으면 제때에 인간이 평화롭고 풍요롭게 살아가기에 충분할 만큼 내린다. 이 자연스런 과정을 방해하는 심술궂은 혼령들의 기원은 바로 인간의 출산으로, 여성이 아기를 낳은 뒤 수풀에 버려진 태반으로부터 생겨난다. 도우 동고인들의 말에 따르면 그들은 '인간이 되지 못한 우리의 일부'이고 바로 그 때문에 우리를 시기한다. 그래서 때때로 심술궂게 굴기도 하고 또 사람이 좋아할 만한 것—음식과 술, 빈랑 열매, 담배—을 가지고 달랠 수도 있는 것이다. 요컨대, 이 혼령들은 국지적으로 무수히 많이 존재하며, 그 기원에도 불구하고 여러 면에서 대단히 인간적이다.

아주 최근까지만 해도 비마가 적어도 이론상으로는 모든 땅과 사실상 모든 사람들이 술탄의 소유인 반봉건 사회였다는 데 주목하면 이 비교는 더더욱 흥미로워진다. 평범한 사람들은 생계에 필요한 생산수단 자체를 술탄과 그의 귀족 신하들에게 의존했다. 지배자와 피지배자의 관계는 부자 관계와 매우 유사한 특성을 띠었다—우연찮게도 이 은유는 신과 인간의 관계에도 적용된다. 게다가 술탄은 평범한 사람이 아니라 왕족이었고, 평민들과는 본질적으로나 태생적으로 전혀 달랐다. 그와 달리 도우 동고는 언제나 평등주의적인 사회였고 이웃 간의 관계는 형제 관계와 유사했다. 생계는 한 명의 군주가 아니라 마을 전체의 공동 소유인 땅의 경작에 의존했다. 친족과 이웃은 사람의 삶에 도움이 되기도 하고 골칫거리가 되

15. 산의 혼령들에게 바치는 제물. 아마 발로(Ama Balo)가 쌀, 쌀로 빚은 술, 빈랑 열매, 담배, 닭을 '소우(sou)'—공동체가 산속에 일군 화전—의 혼령들에게 바치고 있다. 땅바닥에 끝이 갈라진 나무 기둥을 세우고 그 위의 투박한 쟁반에 올려놓은 제물은 벼가 잘 자라 순조롭게 수확할 수 있도록 이곳의 혼령들을 달래기 위한 것이다.

기도 했다. 따라서 비록 그 연관성이 명시적이지는 않지만, 종교와 사회는 서로를 반영하는 모델인 동시에 서로를 형성하는 모델이 된다.

우주론적 명제와 사회 구조 사이의 이런 유사성은 종교와 사회의 복잡한 상호작용을 암시해왔다. 신학이나 종교 사상가들의 철학적 입장에 초점을 맞추는 접근 방식과 달리, 종교에 대한 인류학적 접근은 종교의 일상적 실천에, 그리고 이것이 다른 사회생활과 연결되는 방식에 관심을 기울이는 경향이 있다. 20세기 초 에밀 뒤르켐은, 사회적 범주화의 기본 형태를 종교에서 찾을 수 있으며 사람들은 우주론을 통해 사회를 표상하므로 사회와 종교 사이에는 인과관계가 있다는 견해를 제시했다. 종교적 의례가—개인에게는 사회적 연대를 확인하는 강렬한 공동체 경험을 창출하는 동시에—'사회가 그 자신을 숭배하는' 한 예라는 말은 이 개념을 투박하게 표현한 것이다. 이보다 덜 결정론적인 접근 방식을 취하여, 종교가 집단과 개인을 동원해 위기와 난관을 헤쳐나가는 방식을 강조한 학자들도 있다. 일례로 **통과의례**(rites of passage)에서, 개인이 한 사회 정체성을 벗고 다른 정체성으로 옮겨가는 위태로운 이행은 흔히 사회의 가장 정교한 의례를 통해 이루어진다. 유럽의 민속학자인 아르놀드 방주네프(Arnold van Gennep)는 사람들이 사회를 방이 많이 있는 큰 집으로 상상한다고 했는데, 여기서 각각의 방은 서로 다른 사회적 지위를 상징한다. 통과의례는 사람들을 한 방에서 다른 방으로 옮겨놓음으로써 그들이 낡은 지위를 벗고 새 지위를 얻을 수 있게 해준다. 그러한 이행중에 개개인을 옛 지위로부터 들어내어 새로운 지위의 휘장을 수여하기 위해 고안된 의식이 치러지며, 의식에서 이 과정은 흔히 죽음과 재생의 은유으로 묘사된다. '문턱에' 선 개인은 이쪽도 저쪽도 아닌 특별한 지위를 가지며, 이 지위는 흔히 특별한 의복을 입음으로써, 신체 외관을 변화시킴으로써, 혹은 금욕을 견딤으로써 표시된다. 모든 사회는 삶에서 이행을 겪는 사람들을 돕는 의례를 갖추고 있는데—이를 **생애분기의례**(life crisis ritual)라고 부르기도 한다—여기에는 성스러운 요소가 개입될 수도 있고 개입되지 않을 수도 있다. 우리는 그리스도교의 세례식처럼 태중에서 유년으로, 유대교의 미츠바처럼 유년에서 성년으로, 결혼식처럼 미혼에서 기혼으로, 장례식처럼 산 상태에서 죽은 상태로 옮겨다주는 종교적 의례에 익숙하다. 졸업식이나 취임식 같은 세속적 통과의례 또한 우리에게 익숙하다.

믿음 체계

가뭄에 대한 비마인과 도우 동고인의 반응, 그리고 사람들이 삶의 중요한 변화를 거치도록 돕는 통과의례를 보면, 종교나 믿음이 인간의 삶에서 중요하고 끈질기고 견디기 힘든 문제들에 대처하는 데 도움을 준다는 것은 명백해 보인다. 종교적 믿음이 이 과업을 성취하는 한 가지 방법은, 세계가 어떻게 짜여 있고 왜 그러한지에 대한 이론을 제공하여 사람들이 불안에 적응하고 불운에 대처할 수 있게 해주는 것이다. 복잡한 사회에서 이런 믿음 체계(belief system, 또는 신앙 체계)는 대단히 정교하고, 몇 가지 사회 제도로 나뉘어 있으며, 흔히 명시적으로 표현되고 성문화된다. 일례로 교통사고로 인한 한 아이의 죽음을 과학과 종교와 '상식'이 저마다 어떤 방식으로 설명할지 생각해보자. 인류학자들이 전통적으로 연구해온 많은 사회에서 이런 믿음은 주술이나 마법에 대한 믿음으로 특징지어지곤 하며, 흔히 제도화되지 않은 채 널리 퍼져 있다. 이런 믿음을 비합리나 미신으로 치부해버리지 않는 것이 중요하다. 영국의 사회인류학자 E. E. 에번스프리처드는 『아잔데족의 마법, 신탁, 주술Witchcraft, Oracles and Magic Among the Azande』에서 모든 불운을 주술의 결과로 여기는 사람들에 대해 기술했다. 에번스프리처드는 한 곡물 창고의 출입구가 붕괴하여 아잔데인 몇 명이 죽은 유명한 사례를 들려준다. 아잔데인들은 그들의 죽음을 주술 탓으로 돌렸다. 그 출입구가 흰개미 때문에 이미 약해져 있었다고 에번스프리처드가 지적하자 돌아온 대답은 이랬다. "그거야 우리도 알죠. 하지만 왜 창고가 무너진 바로 그 시각에 하필 그 사람들이 문간에 앉아 있었겠냐고요! **그게** 마법인 거죠!" 서구인이라면 여기서의 불운을 '우연' 탓으로 돌리겠지만, 다시 생각해보면 그건 전혀 설명이 될 수 없다. 마법이라는 전제를 현실로 받아들이는 아잔데인들의 설명은 논리적이고 합리적일 뿐만 아니라, 일어난 사건에 도덕적 의미를 부여한다. 게다가 아잔데인들은 누가 주술의 원흉인지를 판단하는 고도로 발달한 신탁 절차를 가지고 있으며, 식민지 이전 시기에는 살인을 교사한 주술사를 정식으로 처벌하는 법적 절차를 갖추고 있었다.

종교 운동

기존에 확립된 믿음이 삶의 문제에 대해 더는 적합한 설명을 제공하지 못할 때 무슨 일이 일어날까? 인류학자들이 많이 다루는, 식민 정부나 신식민 정부에 종속된 사회들은 이런 갑작스럽고 압도적인 변화를 겪는 일이 많은데, 그로 인한 혼란을 전통 종교의 믿음으로는 감당할 수 없다. 이런 상황에서 강렬한 종교 운동이 발생할 수 있으며, 사회가 직면한 문제에 대한 설명과 해결책을 제시하고자 하는 어떤 선지자가 이런 운동을 이끌곤 한다. 이를 **천년왕국 운동**(millenary movement)이라 하는데, 이런 운동을 이끄는 개인들은 성스러운 권위를 가지고 발언하며, 그러한 권위에 힘입어 삶의 온갖 위기에 대한 해결책의 일부로서 광범위한 종교적 · 세속적 변화를 도입하기도 한다. 이런 운동 중에서 인류학 문헌에 상세히 기록된 사례로는 뉴욕 이로쿼이 연맹의 일원인 세네카족 사이에서 18세기 말부터 유행한 '롱하우스교(Long House Religion)'를 비롯하여 북아메리카 원주민 사회에서 일어난 운동들, 그리고 19세기 말과 20세기에 멜라네시아에서 유행한 '화물 숭배(cargo cult)'를 들 수 있다. 물론 아메리카 원주민들은 그들의 땅 및 생계 수단과 더불어 인구의 무려 10분의 9를 잃는 고통을 겪었다. 또 멜라네시아에는 상상할 수 없을 정도로 부유하고 고도의 기술을 지닌 연합군 군인들이 2차대전중에 홀연 착륙했다가 결국 나타났을 때처럼 홀연 사라지면서, 단순한 기술을 지니고 있던 내륙의 원주민들에게 엄청난 심리적 격변을 일으켰다. 두 경우 모두, 여기서 발생한 다양한 운동들을 이끈 카리스마 있는 예지자들은 왜 이런 일이 일어났는지에 대한 진단과 더불어 혼란을 진정시키기 위한 사회 변화의 공식을 제시했다. 일례로 세네카족의 선지자 잘생긴호수(Handsome Lake)는 자기 부족 사이에 서구식 농법을 도입하고는 백인들에게 땅을 팔아넘기지 말고, 술을 끊고, 공식 교육을 받으라고 촉구했다.

16. 엘리 파커.

엘리 S. 파커, 세네카족의 추장, 엔지니어, 북군 준장(1828-1905)

엘리 S. 파커(Ely S. Parker), 본명 하사노안다(Hasanoanda, '읽는 자')는 변화를 수용하라는 잘생긴호수의 예언적 메시지를 완벽하게 실천한 본보기였다. 파커는 잘생긴호수의 후손이었고 어려서 침례교 미션스쿨에 입학하여 영어를 배웠다. 그리고 학업을 계속하여 처음에는 법학을, 나중에는 공학을 전공했다. 변호사 시험에 합격했지만 인디언은 미국 시민이 아니라는 구실로 면허 발급을 거부당했다. 그럼에도 자신의 법률 지식을 이용하여 워싱턴에서 세네카족의 토지 소유권 주장을 대변했고, 미국에서 민족학을 과학 분과로 확립하는 데 크게 기여한 인류학 연구의 고전, 『이로쿼이 연맹League of Iroquois』(1851)의 집필에 협업했다. 그는 세네카족의 이익을 수호하려는 노력을 인정받아 늑대(Wolf) 씨족의 '도네호가와(Donehogawa, 서쪽 문의 수호자)'라는 칭호를 얻었는데, 이는 이로쿼이 연맹의 주요 직위 중 하나였다. 남북전쟁이 터지자 공병 장교로 입대했고, 나중에는 율리시스 S. 그랜트의 부관이 되었다. 1865년 남북전쟁이 끝났을 때 애퍼매턱스 코트하우스에서 남군 총사령관 로버트 E. 리의 항복 문서를 작성한 인물도 파커였다. 그는 준장까지 진급한 후 1867년 제대했다. 1869년 그랜트에 의해 인디언국 국장으로 임명된 뒤에는 이 직위를 이용하여 미국-인디언 정책의 개혁을 시도했다. 그는 정부의 부패, 군의 무능, 인종주의를 비판하여 적을 많이 만들었고, 의회의 한 위원회는 그를 횡령 혐의로 기소했다. 결국에는 모든 혐의를 벗었지만 그후 공직을 떠나 주식투자에 뛰어들었고, 19세기 미국 자본주의라는 난투극 무대에서 큰돈을 벌었다가 빈털터리가 되는 등 부침을 겪었다.

카리스마와 일상화

세계의 많은 대형 종교들도 시작은 일종의 부흥 운동으로부터, 즉 자신의 문제에 대해 기존의 신앙이 제시하는 것보다 더 포괄적인 해답을 갈구하는 사람들의 상상력에 카리스마적 선지자의 예지가 불을 붙이면서 출발한 것으로 보인다. 카리스마 있는 개인들은 세계의 여러 장소, 여러 시기에 출현했다. 수많은 운동들이 장기적 영향력을 거의 끼치지 못한 채 생겨났다가 사라져버리는데, 그 장기적 성공의 열쇠는 놀랄 만큼 규칙적인 간격으로 출현하는 선지자들 자신보다는, 그 운동을 제도화할 수 있는 지지자 집단의 발전과 더 큰 관련이 있는 것 같다. 심지어 이런 지지자 집단은 이따금 선지자 자신을 주변으로 몰아내거나 실질적인 권위적 위치에서 제거해 버리기도 한다. 막스 베버는 이런 과정을 카리스마의 '일상화(routinization)'라고 일컬었다. 그중 눈에 띄는 예가 일반적으로 몰몬 교회라고 알려진 예수그리스도 후기성도교회다. 그 최초의 선지자인 조지프 스미스(Joseph Smith)는 1827년 새로운 '복음'을 계시 받아 추종자들과 함께 이를 『몰몬경Book of Mormon』으로 집필해 출간한 인물인데, 카운티 형무소에 구금되어 있다가 몰몬교에 적대적인 폭도들에게 살해되었다. 곧 그의 뒤를 이어 지도자가 된 브리검 영(Brigam Young)은 많은 치적을 남겼지만, 무엇보다도 교회 추종자들을 이끌고 아메리카 서부의 한 고립된 지역으로 이주하여 효율적인 교회 관료제와 금융 시스템을 만들고, 교회의 지도자를 계시의 권위 있는 결정권자로서 확립했다(조지프 스미스의 시기에는 그렇지 않았다). 오늘날 몰몬 교회가 미국에서 가장 빠르게 성장하는 성공적인 종교 운동이 된 데는 브리검 영의 혜안이 적지 않은 기여를 했다.

종교적 신앙과 경제적 행동

막스 베버가 종교 연구에 기여한 또하나의 중요한 점은 바로 종교적 신앙 체계와 경제적 행동 사이의 관계를 탐색한 것이다. 프로테스탄트 개혁이 유럽 자본주의의 태동에서 수행한 역할에 대한 베버의 연구는 많은 독자들에게 친숙할 것이다. 여기서 베버는 예정설과 세속에서의 물질적 성공에 대한 새로운 칼뱅주의 신앙이 유럽 북부에서의 자본주의 발흥과 복잡한 양상으로 밀접하게 엮여 있음을 보여주려 했다. 베버는 종교개혁이 자본주의의 원인이라거나 자본주의가 종교개혁의 원인이라는 식으로 말하지 않으려고 조심했다. 하지만 이데올로기와 신앙이 마르크스가 말한 대로 경제적 과정의 단순한 부산물이 아님을 확실히 보여주었다.

이와 유사한 흥미로운 연구에서 기어츠는 자바 중부의 경제적 행동과 종교적 신앙을 살펴보았다. 이 지역에는 '가난의 공유(shared poverty)'라는 윤리가 깊이 뿌리박혀 있어서, 사람들은 자신의 부를 가능한 한 많은 친척과 이웃에게 재분배하는 것을 바람직하게 여겼고 그래서 자본의 축적이 거의 불가능했다. 기어츠는 증기선의 도입으로 자바의 일반 무슬림에게도 메카로의 여행이 가능해지면서 이러한 윤리가 변화한 과정에 주목했다. 중요한 종교적 의무—평생에 한 번의 메카 순례—를 이행할 수 있는 가능성이 생기자, 사람들은 이윤을 나누기보다는 축적할 좋은 이유와 타당한 구실을 얻게 되었다. 순례를 하고 돌아온 하지(haji, 메카 순례를 마친 사람을 가리키는 말)들은 이웃들에게 종교 전문가로 통하게 되었다. 그중 일부는 종교 학교를 열고 그 학생들에게 자기 땅에서 농사일을 돕게 했으며, 그렇게 얻은 자원 덕택에 더 많은 땅과 더 큰 자본을 획득할 수 있었다. 유럽 자본주의에 대한 베버의 기술에서와 마찬가지로 이 또한 증기선이나 메카 순례가 자바 농업 자본주의의 원인이 되었다는 주장으로 이어지지는 않으며, 종교와 경제 같은 인간의 두 활동 영역이 복잡하게 연결되어 있음을 단순히 언급하는 선에서 머물고 있다.

이슬람교처럼 전도에 적극적인 종교들이 교세를 확장하며 명백히 성공을 거두고 있는 것을 보면, 국지적 신앙 체계가 좀 더 공격적인 세계 종교로 대체되고 있는 듯한 인상을 받는다.

오늘날 산티아고 누요의 미스텍인 대부분은 자신을 가톨릭 신자로 인식하며 자기 교구의 사제에게 영적 문제에 대한 인도를 구한다. 하지만 가톨릭교회 선교사들에게 전도된 지가 벌써 수백 년인데도 가톨릭 신앙에 대한 미스텍인의 이해는 놀랄 만큼 많은 면에서 비정통적이다. 일례로 미스텍인을 비롯한 중앙아메리카 사람들은 가톨릭 사제들이 '세상의 빛'으로 묘사하는 예수 그리스도를 태양과 동일시한다. 고대 중앙아메리카에서 태양신은 세상 전체에 빛과 열을 퍼뜨리기 위해 스스로를 희생한 신이었다. 또 해는 밤마다 져서 매일 죽음을 겪은 뒤 아침마다 부활한다. 미스텍인들은 그리스도의 수난을 그들의 태양신 개념과 사실상 연관시켜서 양쪽 모두에게 더 큰 울림을 선사했다. 그래서 그들은 그리스도가 탄생한 베들레헴을 동쪽에, 그리스도가 죽은 예루살렘을 해가 지는 서쪽에 놓는다. 이런 식으로 하나의 신앙을 다른 신앙의 관점에서 재구성하는 것은 별개의 신앙 체계가 출현하는 정도까지 진행될 수도 있다. 예전에 인류학자들은 이런 신앙에 혼합주의(syncretistic)라는 이름을 붙였지만 지금은 이 용어를 지양하고 있다. 모든 신앙이, 심지어 가장 정통적인 형태의 세계 종교도 실은 다양한 믿음과 관습의 역사적 혼합물이기 때문이다. 어쨌든 세계 종교의 믿음과 관습이 이렇게 국지적 관점에서 끊임없이 재해석되는 현상은 너무나 활발하게 일어나므로, 신도들 사이에서 바라는 만큼 높은 수준의 정통성을 획득한 세계 종교가 과연 있을지 의심스러울 정도다. 국지적 신앙과의 연결 고리를 적극적으로 창출하는 선교 전략과 결합되었을 때, 이는 같은 종교의 신자들이 이름만 같다뿐이지 사실상 다른 신앙을 공유하는 상황으로 귀결될 수도 있다.

제 8 장

냐뉴 마리아가 벼락을 맞다: 사람들의 자아

1994년 누요를 다시 찾은 존은, 그가 10년 전 처음 누요에 왔을 때 그에게 식사를 차려주었던 냐뉴 마리아 로페스(Ńañuu María López)를 찾아갔다. 존은 이제 매우 연로한 그녀에게 어떻게 지내시느냐고 안부를 물었다. 그녀는 심각한 화상을 입어서 몇 달 동안 아팠다고 대답했다. 존은 집에 불이 났었던 걸로 듣고는 즉시 다른 식구들의 안부를 물었다. 그러자 다른 식구들은 괜찮고, 실은 자기가 들에 나갔다가 벼락을 맞은 것이라는 대답이 돌아왔다. 나중에 존은 마리아의 이웃들과 대화하다가 이 우연한 사건과 마리아의 기적적인 생존에 대한 이야기를 꺼냈는데, 이웃 사람들은 그녀가 벼락을 맞았다는 걸 전혀 모르고 있었다. 그때 이 사건에 대해 좀 알고 있는 청년이 불쑥 끼어들더니, 벼락이 쳤을 때 마리아는 집에서 자고 있었고 벼락을 맞은 것은 그녀의 '동물(키티 누비kiti nuvi)'이었다고 설명했다.

다른 중앙아메리카 사람들처럼 미스텍인도, 같은 시각에 이 세상에 나온 생명들은 서로 근본적으로 연결되어 있다고 믿는다. 따라서 동시에 태어난 한 동물과 한 사람은 삶의 경험을 공유하게 되며, 흔히 하나의 영혼을 가졌고 때때로 의식을 공유한다고도 한다. 이러한 의식의 공유는 흔히 꿈을 통해 이루어지는데, 이는 그 사람의 '일체(coessential)' 동물(동물과 그 짝인 사람이 본질적으로 연결되어 있기 때문에 이런 이름을 붙여보았다)의 눈을 통해 세상을 엿본 것으로 해석될 수 있다. 냐뉴 마리아의 경우, 그녀의 '키티 누비'는 코아티라는 작고 장난기 있고 털이·복슬복슬한 동물이다(이것은 수년 전 점술을 통해 밝혀졌다. 게다가 그녀도 코아티처럼 바나나를 특히 좋아한다는 사실 또한 하나의 근거가 되었다). 코아티는 여느 때처럼 밤나들이를 나왔다가 벼락을 맞은 것이었다.

동물과 사람이 일체를 이룬다는 것은 우리에게는 어쩐지 터무니없는 생각으로 여겨진다. 하지만 미스텍인의 경우는 전혀 특이한 사례가 아니며, 민족지학자들은 신체에 물리적으로 붙어 있지 않은 무엇인가가 자아의 은밀한 일부를 이룬다고 믿는 전통들의 실례를 많이 보고하고 있다. 미스텍인의 '일체

동물' 개념은 적어도 '이드'나 '초자아' 개념만큼이나 복잡하고 포괄적이며, 그 못지않은 경험 과학에 근거하고 있다. 이것은 행운과 불운, 갑작스럽거나 치명적인 질병, 꿈의 본질, 심지어 특정 개인이 남들보다 더 많은 부와 권력을 가지는 이유까지 설명해준다. 재규어처럼 크고 사나운 동물은 토끼처럼 작고 무해한 동물보다 사회적 위계에서 더 높은 곳에 위치하기 때문이다.

따라서 미스텍인은 자신의 자아—세계 안에서의 자신의 실재—를 신체에 구속되지 않은 것으로서 분명히 인식한다. 마리아가 그녀의 '키티 누비'와 이어져 있다는 것은, 우리가 연인이나 자식과 이어져 있다고 느낄 때처럼 한 독립된 통일체가 다른 독립된 통일체와 연결되는 것이 아니다. 그 동물의 경험이 곧 그녀의 경험이고, 그 동물 또한 물리적으로나 심리적으로 그녀의 경험을 꿈속에서 공유하는 것이다. 반면에 우리 서구인은 자신—그리고 자신의 자아—이 독특하고 영구적이며 본질적으로 단일한 통일체의 핵심에 존재한다고 여기는 경향이 있다. 전체적으로 이는, 내가 누구이고 무엇인가에 대한 개념, 상식의 기본 토대를 이루는 듯 보이는 개념처럼 우리 삶의 경험의 대단히 본질적인 측면들도 실은 문화들 간의 엄청난 차이에 좌우된다는 것을 보여준다. 이는 사회가 사회적 · 경제적 · 도덕적으로 구성되는 방식에 심대한 영향을 끼친다. 우리 서구인들은 인격으로서의 자신을 볼 때, 자신을 **자율적인** 개인으로서 보는 경향이 있다. 우리 하나하나가 자기 운명의 주인이지, 코아티 같은 것이 포함된 더 광범위한 연속체의 일부는 아니라고 여긴다. 우리 자신—그리고 우리의 자아—에 대한 이런 식의 관념에서 나온 것이 바로 무한한 가능성에 대한 인식이다. 예컨대, 미국의 어린이들은 초등학생 때부터 '누구나 커서 대통령이 될 수 있다'는 말을 자주 듣는다. 역사적·정치적 현실은 일단 접어두고, 이런 관념은 우리 모두가 똑같이 지닌 역량과 권리에 토대를 둔 인격(personhood)—여기서 우리는 자아에 대한 관념이 더 포괄적인 정치 이데올로기를 표명하는 방식을 가리키기 위해 '인격'이라는 말을 쓰고 있다—의 개념을 가리킨다. 다시 말해서, 이 맥락에서의 인격은 우리를 서로 다르게 만드는 것이 아니라 우리를 같게 만드는 것에 의거하여 정의된다. 인격에 대한 이러한 관점은 모든 시민에게 동일한 사회적·정치적 권리를 부여한 미국 헌법에 간직되어 있다. 실제로 가장 최근에 수정된 헌법 조항들은 모두 계급·종족·인종·종교·성별의 차이가 사회 활동, 경제적 의사결정, 정치 참여에 영향을 끼치지 않아야 한다는 내용과 관련되어 있다.

그러나 인격에 대한 이데올로기가 오늘날의 미국 헌법에서 보이는 것과 거의 정반대인 듯한 사회들도 있다. 중앙아메리카의 또다른 민족인 마야인의 언어에는 '비니크(vinik)'라는 단어가 있다. 초기의 스페인인 관찰자들은 이 단어를 처음에 '개인(individual)'으로 번역했지만, 좀더 면밀히 들여다보니 이 단어는 보다 미묘한 다른 의미들을 띠고 있었다. 1699년 스페인의 사제이자 언어학자인 프란시스코 바레아(Francisco Varea) 신부는 '비니크'가 "인격(person)을 의미하지 않는다…… 이 언어에는 '나의 인격'이라든지 '당신의 인격'이라는 말이 없다…… 그보다 이는 '나의 족속(people of my nation)'이라는 뜻에 가깝다"고 지적했다. 자신의 구원에 대한 책임이 개인에게 있다는 스페인어 개념을 전달하는 데 고심한 바레아 신부는, 대신에 스페인어인 '페르소나(persona)'를 성경 번역에 도입할 것을 제안했다. 예를 들어 '한 하느님 안의 세 인격(three persons in one God)'이라는 개념에 '비니크'를 쓰면 '한 신 안에 있는 세 족속(three peoples in one god)'이라는 뜻이 되어버리기 때문이다. 마야어의 '비니크'는 또 '스물(20)'을 뜻하기도 한다. 중앙아메리카 달력에는 스무 개의 날에 이름이 붙어 있고, 이 스무날은 저마다 특정한 운명을 규정한다. 중앙아메리카인들에게 운명이란 사람의 성격, 천직, 운, 신체적 특성을 모두 포괄하며, 그래서 이 이데올로기에 따라 인간에게는 스무 가지의 기본 유형이 존재한다. 이 유형들은 서로를 보완하고 뒷받침하여, 어떤 날에는 화가가 태어나고, 어떤 날에는 전사가, 또 어떤 날에는 산파가 태어나서 이렇게 스무 명이 모여 하나의 완전한 인간 집단—비니크—을 이룬다. 따라서 마야어의 '비니크' 개념은 이른바 '관계적 인격 개념(relational concept of person)'을 가리킨다. 다시 말해, 여기서 인격이란 인간 개인에게 고착된 지위가 아니라 집단의 속성인 무엇이다.

나아가 이 사례에 도우 동고인을 비롯한 인도네시아인들까지 포함시키면, 인격은 인간이 아닌 것들과 심지어 무생물까지 포함하는 개념으로 확대된다. 예를 들어 도우 동고인들은 그들의 주곡인 쌀을 지각을 갖춘 인격처럼 여긴다. 쌀은 일상에서 쓰는 평범한 이름도 가지고 있지만 비밀 이름도 있어서 그것으로 불러낼 수도 있다. 화전에서 다 자란 벼를 수확하기 전날 저녁, 온 가족이 화전 한가운데로 들어가 음식, 빈랑 열매, 쌀로 빚은 술을 제물로 바치고 다음날 수확을 하겠다고 고하며 그들의 건강과 생계를 위해서 하는 일이라고 벼에게 설명한다. 다음날, 가족 중의 미혼 여성들이 벼에게 예를 갖추기 위해 가장 좋은 옷을 차려입고 들어가서, 벼이삭 아래로 팔 길이만큼 줄기를 잘라 수확한다. 이때 쓰는 작은 손가락칼은 벼가 너무 놀라지 않게끔 손안에 감추어서 쥔다. 수확한 벼는 큰 단으로 모아두었다가 마을의 곡물 창고로 옮긴다. 이곳에 저장해놓고서 필요할 때마다 여자들이 조금씩 덜어다가 낟알을 나무절구에 넣고 찧어 겨를 벗겨낸다. 이런 식으로 저장했다

17. 동고에서의 벼 수확. 화전에서 벼를 수확하던 젊은 여성이 포즈를 취하고 있다. 도우 동고인들은 벼를 지각이 있는 존재로 여기기 때문에 벼에게 예를 갖추기 위해 가장 좋은 옷으로 차려입었다. 오른손에 쥔 섬세한 '손가락칼(finger knife)'은 벼가 너무 불안에 떨지 않게끔 칼날을 감추었다. 도우 동고인들은 최근 도입된 고수확 품종에 대해서는 사뭇 다른 감정을 품고 있다. 이 품종은 남자들이 낫으로 수확한다.

가 손님을 대접하기 위해 덜어간 벼는 곡물 창고에 마법처럼 다시 채워진다고 한다. 이처럼 도우 동고인은 그들이 생계를 의존하는 곡식을 마치 동료 인간을 대하듯 공손히 애정을 쏟아 대우하려고 정성을 들인다.

최근 들어 도우 동고 농부들은 물을 댄 논이나 천수답에서 '기적의 벼'라는 다수확 품종을 재배하는 쪽으로 일부분 전환해야 했다. 이 벼는 남자들이 낫을 써서 그다지 예를 차리지 않고 수확한 뒤, 곧바로 긴 못이 박힌 회전 드럼통에 대고 낟알을 떨어내는 식으로 탈곡하여 마대에 채운다. 이 벼는 집에서 소비하기보다는 판매용으로 재배하는 경우가 많지만, 그래도 많은 남성들은 벼를 이처럼 난폭하게 막 대하는 것을 꺼림칙해했다. 확실히 손님을 대접할 용도로 택할 만한 쌀은 아니고, 손님을 환대하려는 선의를 알아보고 제 스스로 채워지기를 기대할 만한 쌀은 더더욱 아니다. 도우 동고인이 그토록 철저히 의존하는 산물(쌀은 끼니마다 먹는다)에까지 일종의 인격을 부여하는 것은, 기술적이고 경제적인 활동에 살을 붙여 더 풍요롭고 만족스러운 감정적 · 정신적 활동으로 만드는 수단을 제공한다.

대조를 위해 이제 16세기 중앙아메리카로 돌아가보자. 사료에 전하는 바에 따르면 당시에 일부 아이들은 인격을 부여받지 못했다. 사람들은 그들을 '쓸모없다'고 여기고 이름을 붙여주지 않았으며 일부러 피해 다녔다. 중앙아메리카 달력은 태양년(360일)을 20일씩 18개월로 나누었는데 한 해의 마지막 닷새는 이름 없는 날 혹은 불길한 날이었다. 이때는 일종의 시간 바깥에 놓인 시간으로 여겨졌고(많은 지역에서는 오늘날까지도 그렇게 여긴다), 온갖 나쁜 일—특히 세상의 종말—이 일어날 수 있다고 두려워했기 때문에 금기, 단식, 의례를 엄수하면서 근신했다. 이 시기에 태어난 불운한 아이들은 운명을 갖지 못했다—다시 말해서 정체성의 가장 근본적인 측면이 결여되어 있었다. 일부 민족지 자료와 사료는 이 이름 없는 닷새 동안에 태어난 아이들이 명확한 신체적 형태를 갖추지 못했으며, 아파도 치료를 받지 못한 채 죽도록 방치되었다고까지 기술하고 있다. 그러니까 당시 중앙아메리카에서는 모든 인간이 저절로 인격으로 여겨지지 않았던—즉 나머지 사람들과 똑같은 기본권과 의무를 부여받지 못했던—것이다. 집단 내에서 자기 자리를 얻지 못하고 사회 밖으로 완전히 추방된 이 불운한 아이들의 사례는 앞에서 논의한 관계적 인격의 개념과 일치한다.

아플 때와 건강할 때의 자아

그러므로 인격과 자아의 개념은 인류학자들 말마따나 문화적으로 구성된다. 이는 세계와 그 안의 사람들에 대한—한 문화의 구성원들에게는 너무 당연하고 정상으로 보이는—관념이 실은 특수한 역사적 전통의 산물이며 문화에 따라서 다르다는 말이다. 또한 문화적으로 구성된 관념은 일상생활에서 자주—심지어 끊임없이—사용되며 개개인 안에서 더욱 강화된다. 동시에 이런 관념은 사회·정치 체제 내에서 작동하여 위계나 심지어는 착취와 같은 것들을 자연스러운 일로 받아들이게끔 만든다.

의료인류학자들은 신체 각부와 그 기능에 대한 관념이 '문화 특이적 증후군(culture-bound syndrome)'을 초래하는 방식을 이해하기 위해 이런 관점을 적용해왔다. 사람의 몸은 세상 어디에서나 기본적으로 같기 때문에 모두가 같은 방식으로 아파야 할 것 같지만, 실은 그렇지 않다. 라틴아메리카에는 무섭거나 충격적인 사건을 겪었을 때 영혼이 몸에서 빠져나가 우울증과 소모성 질환을 초래하는 '수스토(susto)'라는 증후군이 있다. 인도네시아인들도 이와 비슷하게, 갑작스런 충격이나 놀람으로 정신적 보호막이 일시적으로 걷힌 사이에 병이 침입하는 '까긋(kaget)'이라는 증후군을 경험적으로 인정한다. 이런 증후군들을 다루는 의료인류학자들은 '질병(disease)'—생리적 기능부전이나 인자에 의해 초래된 병—과 '질환(illness)'—자신의 신체 상태에 대한 환자의 지각에 의해야기된 병—을 구분하는 것이 유용함을 깨달았다. 전적으로 질병인 병도 있고 전적으로 지각의 문제인 (흔히 심신 질환이라고 하는) 병도 있지만, 대부분의 병은 이 두 가지가 결합된 형태로 나타난다. 일례로 '수스토'는 이미 영양 상태가 나쁘거나 일종의 감염으로 고생하고 있는 개인들이 경험하는 증상일 수 있다. 하지만 여기서의 핵심은 자신의 몸과 환경에 대한 지각이 그의 상대적인 건강 상태와 아주 큰 관련이 있다는 것이다. 거식증과 폭식증은 많은 연구자들이 보여주었듯이 신체적 아름다움에 대한 비현실적 지각과 연결되어 있다는 점에서 문화 특이적 증후군으로서의 자격을 갖추고 있다. 또한 이런 섭식 장애는 성별, 연령, 계급에 민감하여 특히 젊은 백인 중산층 여성에게서 두드러지게 많이 나타나는데, 이는 신체 생리와 사회 간의 복잡한 상호작용을 보여주는 또하나의 지표다. 이런 지각은 흔히 많은 사람들에게 공유되므로, 때로는 문화 특이적 증후군이 유행병으로 확산되어 한 번에 수천 명의 사람들에게 영향을 끼치기도 한다. 의료 연구자들은 스트레스가 건강과 질병에 끼치는 엄청난 영향을 점점 더 크게 인식하고 있다. 그리고 확실히 사람이 무엇으로부터 스트레스를 받는가는 많은 부분 사회적 관습과 문화적으로 구성된 지각에 의해 결정된다. 그리고 지각이 언제나 부정적인 쪽으로만 기능하는 것은 아니다. 의료 연구자들은 단순한 플라세보 효과

문화 특이적 증후군의 예

아목(Amok): 사람이나 사물을 향해 별안간 공격적인 행동을 보인 후 심한 우울 상태에 빠지는 현상. 최초의 사례들은 말레이시아에서 보고되었지만, 동남아시아의 다른 지역은 물론 폴리네시아, 멜라네시아, 푸에르토리코(여기서는 말데펠레아mal de pelea라고 한다), 그리고 나바호족 사이에서도 유사한 행동들이 발견된다.

빌리스(Bilis, 콜레라colera 혹은 무니아munia라고도 한다): 격심한 화나 분노를 경험한 뒤 건강한 삶에 필수인 열기와 냉기 사이의 핵심적 신체 균형이 교란되어 기존의 증상이 악화되는 것. 빌리스에 걸리면 만성 피로, 신경증적 긴장, 위장 장애, 두통이 발생할 수 있다. 라틴아메리카에서 나타난다.

두뇌 피로(Brain fag): 서아프리카에서 학업 부담에 짓눌린 고등학생과 대학생들에게 나타난다. 집중력, 기억력, 사고력이 떨어지고 머리와 목 부근에 통증, 압박감, 조이는 느낌이 들거나 시야가 뿌옇게 흐려지기도 한다. 존과 피터는 미국의 학부생들 사이에서도 이와 비슷한 증후군을 관찰한 바 있다.

사시(邪視, Evil eye): 과거에는 유럽 전역에서 발견되었지만 지금은 지중해 연안 사회와 강하게 결부되어 있다. 이는 시기나 강한 욕망이 담긴 감정이 다른 사람들, 특히 아이들에게 악영향을 끼치거나 가진 물건을 손상시킬 수 있다는 관념이다. 잠을 깊이 못자고 자주 깨거나 설사나 구토를 하는 등의 증상이 있다.

유령병(Ghost sickness): 아메리카 원주민 사회에서 시체와 너무 가까이 접촉한 결과로 초래되는 악몽, 신체 쇠약, 식욕 감퇴, 졸도, 공포감, 우울.

화병: 한국에서 화를 너무 억누른 탓에 발생하는 불면증, 피로, 공황, 죽을 것 같은 공포감, 소화불량, 전신 통증.

코로(Koro): 남아시아와 동아시아에서 남성의 음경이 몸속으로 쪼그라들거나 여성의 음순 또는 유두가 몸속으로 쪼그라들어 사라져버릴 것이라는 공포감. 두 경우 모두 사망에까지 이를 수 있다.

피블록토크(Pibloktoq): 이누이트 공동체에서 발견되며, '북극 히스테리(artic hysteria)'라고도 한다. 갑작스럽게 발병하여 길게는 30분간 지속된다. 이때 환자는 입은 옷을 찢어버리고, 물건을 부수고, 상스러운 소리를 지르고, 추운 바깥으로 뛰쳐나가는 등 위험하고 비합리적인 행동을 한다. 그후에는 경련성 발작을 일으키고 실신하여 길게는 12시간까지 혼수상태에 빠지기도 한다. 일반적으로 환자는 발병했을 때의 일을 전혀 기억하지 못한다.

센쿠이(腎虧, 신휴): 정액의 과도한 손실 탓으로 여겨지는 다양한 통증, 쇠약, 불면증, 어지럼증. 중국인들 사이에서 나타난다.

스펠(Spell): 죽은 친척이나 귀신과 교신하는 황홀경 상태. 황홀경에 든 사이에 일시적으로 성격이 바뀌기도 한다. 미국 남부에서 발견된다.

대인공포증: 일본에서 자신의 신체 일부나 그 기능이 남들 보기에 창피하거나 불쾌감을 줄지도 모른다는 강한 두려움.

자르(Zar): 악령이 들려 무감각해지고 내면으로 철수한다는 관념. 처음 악령이 들린 사람은 발작적으로 울거나 웃거나 노래를 부른다. 그중 일부는 자기 몸에 들어온 귀신과 장기적인 관계를 맺고 그로부터 치유와 점술의 힘을 받기도 한다. 북아프리카나 중동에서 관찰된다.

— 미국정신의학회, 『정신장애 진단 및 통계 편람』에서

의 효능에 대해 오래전부터 인식해왔다.

성별

자아의 측면들 중에서 내가 나를 어떻게 보고 남들이 나를 어떻게 보는지, 또 내가 남들을 어떻게 대하고 남들이 나를 어떻게 대하는지를 결정하는 데 성별보다 더 보편적으로 중요한 것은 없다. 아주 실질적인 의미에서 이는 진화적 필연으로 보인다. 결국 생물종이 성공을 거두려면 생식을 해야 하며, 인간은 유성생식을 하므로 남성과 여성의 구분은 근본적이고도 불가피한 일이다. 나아가 사회가 수행하는 가장 중요한 기능이 성을 규제하는 일임을 부인하기란 힘들다.

이런 보편적 필요에도 불구하고, 인류학자들은 남성과 여성이라는 범주의 내용이 지역마다 다르다는 것을 깨닫게 되었다. 특히 눈에 띄는 예가 뉴기니 고지대의 삼비아족이다. 삼비아족은 적대적인 이웃 부족의 끊임없는 공격 위협을 받고 있었기 때문에, 전통적으로 소년들은 어린 나이 때부터 용맹한 전사로 훈련받았다. 삼비아인들은 소년이 유능한 남성 전사가 되려면 복잡한 일련의 입문식을 거쳐야 한다고 여겼는데, 그 중 일부는 소년이 성인 남성이 되기 위해 필요한 생리적 변화를 유도하게끔 고안된 것이었다. 삼비아인이 볼 때, 소년에게는 근육, 키, 용기 등 성공적인 전사의 특성을 발달시키는 데 필요한 결정적 요소가 부족하다. '주룽두(jurungdu)'라고 하는 이 요소는 정액에 농축되어 있으며, 소년들은 몇 단계의 입문식을 거치며 동성애 행위를 하는 과정에서 이 정액을 삼킨다. 입문 과정에서 진도를 나간 소년은 이제 더 어린 입문자들에게 구강성교를 받게 되어, 정액을 받는 쪽에서 주는 쪽으로 바뀌게 된다. 입문 과정을 모두 끝낸 성인 남성은 결혼을 하고 결국은 배타적인 이성애 관계를 유지하게 된다. 따라서 삼비아족의 경우, 동성애과 이성애는 서로 상충되는 것이 아니라 남성의 정상적 발달 과정의 한 단계로서 이해되었다.

무엇이 '참된' 남성 혹은 여성을 구성하는가에 대한 관념들은 우리가 언뜻 생각하는 것만큼 명백하지 않다. 남성과 여성이 언제나 양극단으로 변함없이 분리된다는 관점으로 성별을 이해할 수 있다는 가정 또한 문제가 있다. 여느 사회에서처럼 도우 동고인들도 대부분의 사람들을 남성인 '모네(mone)'와 여성인 '시웨(siwe)'로 인식한다. 하지만 우리 사회에서라면 아마 트랜스젠더라고 불렸을 일부 개인들은, 원래 특정 성별이 되고자 했으나 그 반대 성별의 몸을 가지고 태어난 사람으로 여겨진다. 그들은 '여성이 되려다 못 된' 남성인 '사라 시웨(sara siwe)'이거나 '남성이 되려다 못 된' 여성인 '사라 모네(sara mone)'다. '사라 시웨'나 '사라 모네'가 되는 것은 부끄럽거나 변태적인 일로 여겨지지 않으며, 한 개인이 지닌 자아의 한 측면, 눈 색깔이나 키처럼 날 때부터 타고난 산물일 따름이다. 이런 개인들에게, 도우 동고인들이 일반적으로 준수하는 성별 노동 분업은 무시된다. 도로 은티카의 한 사라 시웨는 유명한 길쌈꾼이 되었는데, 일반적으로 이 일은 여성만의 배타적 영역이었다. 또 이 사람은 젊은 여성처럼 차려입고 마을의 젊은 여자들과 함께 수확하러 나가기도 했다. 또다른 사례로, 한 사라 모네는 마을 남자들이 그해 농사를 위해 화전을 일구는 중노동을 하러 나갈 때 그들과 동행하기도 했다. 남자들은 사라 모네가 그렇게 고된 일을 하겠다고 나서는 것을 재미있게 여겼지만 이를 막지는 않았다. 그날 일을 마치고 마을로 돌아오는 길에, 일행 모두는 강에 마련된 남성 전용 욕장 앞에서 걸음을 멈추었다. 사라 모네가 그들과 함께 목욕하려고 옷을 벗기 시작하자 남자들은 그제야 선을 긋고 이를 제지했다.

도우 동고인들은 남성성과 여성성의 어떤 불확실성을 인정하고 성별을 그 물리적 신체로부터 독립하여 작동하는 것으로 바라본다고 말할 수 있으며, 또 일부 사회들은 여성성과 남성성의 자질이 너무나 긴밀히 결합되어 제삼의 완전히 다른 성별을 이루는 개인들을 인정한다는 증거도 있다. 하지만 대체로 도우 동고의 사례가 예시하듯, 그 누구도 신체를 완전히 무시하지는 않는다. 해부 구조가 운명은 아니지만, 그렇다고 무의미한 것도 아니다.

다른 사회과학자들처럼 인류학자도 문화와 사회에서 성별이 수행하는 역할이 실제로 얼마나 복잡한지, 그리고 시간과 공간을 초월하여 유효한 일반론을 도출하기가 얼마나 어려운지를 인식하게 되었다. 물론 예외가 없는 것은 거의 없기는 해도 몇 가지 패턴들은 확실히 도출된다. 우리는 성별 간 관계가 권력과 위신이라는 측면에서 사회마다 엄청나게 다르다는 것을 관찰할 수 있다. 예를 들어 도우 동고인 사이에서 남성 원리와 여성 원리는 서로를 보완할 뿐만 아니라 서로에게 긴요하며 협력해야 하는 것으로 여겨진다. 일례로 의례 전문가로서 남성은 대체로 여성보다 우선권을 갖지만, 많은 중요한 의례들은 아내의 조력을 받는 남성에 의해서만 진행될 수 있다. 피터가 도로 은티카에 체류했을 당시, 전통 종교의 대사제 격인 은쿠히는 자기 아내를 여읜 여러 해 전부터 사실상 제 역할을 하지 못하는 상태였다. 이와 대조적으로 뉴기니 고지대의 많은 사회에서는 남성과 여성이 서로를 보완하면서도 적대적이라고 여겨졌다. 소년이 성년에 가까워지면 어머니와 동생들로부터 떨어져 공용의 '남자들 집'으로 가서 아버지들과 함께 산다. 이런 남자들의 집은 여성을 적대적이고 위험한, 남성의 신체적 · 정신적 힘을 박탈하려 드는—그래서 별도의 주거 구역을 요하는—오염원으로 본다는 면에서 여성혐오적이라고밖에는 볼 수 없는 종교 의식의 중심이기도 하다. 다른 많은 시대와 지역에서도 성별은 서로를 보완한다고 여겨졌지만, 여기에는 남성이 정치적·경제적·법적·종교적 측면에서 여성을 지배하는 것, 즉 일반적으로 가부장제라고 하는 것이 대전제로 깔려 있었다. 가부장제 사회에서 여성은 아버지와 남편의 자산으로 취급받아왔고, 직계 가족 바깥의 남성들로부터 보호받는 것 외에는 이렇다 할 권리를 지니지 못했다.

성별 관계는 대체로 평등주의적인 사회로부터 엄격한 가부장제에 이르기까지 광범위한 변이를 보이지만, 이런 변이들이 대칭적이지는 않다. 남성이 여성을 지배하는 가부장 사회의 사례들은 많이 있는 반면, 여성이 남성을 지배하는 진짜 가모장 사회의 사례는—신화와 전설을 제외하면—알려진 바 없다. 이 사실에 대해서는 여성이 아이를 낳고 남성은 거의 모든 사회에서 전사라는 생리학적 설명에서부터 남성은 문화와 결부되고 여성은 자연과 결부된다는 상징적 설명에 이르기까지 다양한 방식의 설명이 있지만, 모두를 만족시키는 설명은 없다. 아마도 이런 다양한 설명들에 대한 가장 신랄한 비판은, 남성과 여성은 아주 광범위한 사회적 맥락에서 상호작용하므로 그중 남성이 지배적인 맥락을 골라내는 것은 전체상의 왜곡이라는 비판일 것이다. 대부분의 경우, 우리의 정체성에는 성별 말고도 상호작용에 영향을 끼치는 많은 요소들이 있다.

일례로 우리는 빅토리아 시대의 영국 사회가 대체로 '가부장적'이었다고 규정할 수 있지만, 당시 남성 하인들은 여성 주인의 명령을 받았고 또 당시 지구상에서 가장 강한 나라의 주권자는 물론 여성이었다. 어쨌든 지난 수십 년간 유럽과 미국 산업 사회의 많은 부문들은 성별과 섹슈얼리티에 대한 과거 지배 관념의 급진적 수정과 남녀 관계의 변화를 경험했다. 성별화된 정체성의 대안적 정의에 대한 관용은 새로운 현상이 아닐지 몰라도, 현재 새롭게 출현하는 남녀 간의 대칭성은 새로운 종류의 것이다. 다른 시대와 지역에서의 성별이 대칭적으로든 비대칭적으로든 서로를 보완하는 것으로 여겨졌다면, 현재 우리 서구에서는 성별이 적어도 고용과 같은 사회생활의 특정 국면에서는 원칙적으로 무관하다는 관점으로 이동하고 있는 듯 보인다.

후기: 우리가 배운 몇 가지 것들

몇 년 전 어느 학생이 피터에게 찾아와서, 여러 문화에서의 여성의 정숙이라는 주제에 대한 독립 연구 과정을 요청했다. 피터는 이 개념에 대해 그와 잠시 논의하면서, 여성의 정숙에 대한 비교문화적 연구는 자기가 잘 아는 주제가 아니지만 문헌을 실제로 조사하지 않고도 아마 다음과 같은 내용들이 나올 것임을 어느 정도 자신 있게 예측할 수 있다고 털어놓았다.

1. 모든 지역의 모든 문화에는 우리의 '정숙함(modesty)'에 해당하는 개념이 있다.
2. 주어진 문화 내에서 이는 남성과 여성, 또 힘있는 사람과 힘없는 사람에게 다르게 적용될 것이다.

3. 주어진 문화는 그 문화에서 통하는 정숙의 기준을 문화적으로 구성된 것이 아닌 '당연한(natural)' 것으로 간주할 것이다.
4. '정숙함'은 도덕적 가치를 띨 것이며, 주어진 문화는 그보다 기준이 더 엄격한 타 문화들을 꽉 막혔다고 간주하고, 기준이 더 느슨한 타 문화들을 비도덕적이라고 간주할 것이다.
5. '정숙함'의 내용은 시기와 장소에 따라 매우 크게 임의적으로 변화할 것이다. 실제로 한 장소에서 전혀 정숙하지 못하다고 여겨지는 것이 다른 곳에서는 매우 적절하다고 여겨질 것이다.

이는 인류학자들이 사회적 세계를 이해하게 되는 방식과 관련하여 시사하는 바가 있다. 가장 단순하게 환원해서, 피터가 '여성의 정숙'에 대해 예측할 수 있었던 것들을 한 마디로 요약하면 '사람 사는 건 어디나 같지만 간혹 다를 때도 있다'라고 할 수 있는데, 물론 그리 심오한 진술은 아니다. 하지만 어떤 중요한 의미에서 보면 바로 이것이야말로 지난 한 세기 동안 인류학자들이 우리에게 전해준 가르침이며, 좀더 면밀히 들여다보면 전혀 사소한 것이 아니다. 우선 이는 인간의 어떤 것도 당연하게 받아들이지 말라는 가르침을 준다. 누가 '그러나 자고로 인간의 본성이란……' 식으로 일장 연설을 시작하면 일단 나가는 문이 어디 있는지부터 찾아라! 그 뒤에 나올 말이 진정한 비교문화적 이해의 산물이라기보다는 화자가 지닌 가장 깊숙한 편견의 반영일 가능성이 농후하기 때문이다. 인류학자들이 인간 행동의 보편 법칙을 일반화하려 할 때마다 그 법칙들은 경험적으로 틀렸거나 시시하리만치 하찮은 것으로 드러나곤 했다. 이는 인간에게 진정으로 보편적인 것을 알아내려는 시도들을 폄하하거나 우리가 그런 시도 덕분에 많은 걸 배웠음을 부정하려는 것이 아니다. 인간의 사회생활에서 인간 문화가 낳은 모든 변이를 포괄할 만큼 광범위하면서 그런 변이들을 낳은 특수한 문화적 맥락에 부합하는 패턴을 식별하려는 시도가 (불가능하지는 않더라도) 위험한 일이라고 말하는 것이다. 같은 이유에서, '그러나 서양인들과 달리 토착민들은 물론 …… 않(았)죠'(이 말줄임표 자리에는 '환경을 파괴하지', '광장 공포증을 겪지', '노예를 거느리지' 등등 온갖 것들이 들어갈 수 있다)라는 식으로 시작되는 연설 또한 비교문화적 이해가 부족하기는 마찬가지다. 여기서 가정하는 서양예외주의는 알고 보면 명백한 오류인 경우가 많기 때문이다.

물론 우리 인류학자들도 나름의 인식론적 문제를 안고 있다. 아무도 '백지상태(tabula rasa)'에서 현지조사에 착수하지는 않는다. 이 학문 분야가 생겨났을 때부터 사람들은 특정 집단의 민족지나 인류학에서 발전한 개념적 도구뿐만 아니라 (과거에는 마르크스주의 · 프로이트 심리학 · 구조주의, 오늘날에는 페미니즘 · 포스트식민주의 이론 · 문화 연구 등의) 강력한 철학적 운동에 이끌려 인류학에 발을 들이곤 했다. 하지만 우리 대부분은 인류학이 우리 통념과 어긋나는 사람들의 말과 행동에 초점을 맞출 때 그 본령을 발휘한다는 사실을 깨달았다. 동시에 특정한 집단에 대한 충실한 애정의 발로로 이 학문 분야에 이끌린 사람들은 상대적으로 중요성이 미미한 문제를 크게 확대하는, 일종의 국지적 편협성에 매몰되는 문제에 직면하기도 한다. 우리가 자신의 학문 분야를 해체하려 드는 것처럼 보이기도 하고, 근래 들어 인류학이 일종의 인식론적 위기를 겪고 있기도 하지만, 우리가 무엇을 알고 어떻게 해서 그것을 아는지 확신하지 못함을 솔직히 인정한다고 해서 인류학이 인간 자신의 이해에 기여한 실질적 공로 자체가 가려져서는 안 된다. 인류학은 그들만의 편견을 보편적 원리로 떠받들고 싶어 하는 사람들에게 소위 보편에서 벗어난 사례를 제시할 때 가장 빛난다. 인류학은 인간의 창의성, 회복력, 열정, 그리고 (애석하게도) 타락의 기록을 미래 세대가 숙고할 수 있게끔 축적해왔으며, 인간 문화와 사회의 다양성을 이해하기 위한 독특하고도 가치 있는 도구들을 다듬어냈다. 총체적으로 봤을 때, 이는 결코 만만한 공적이 아니다.

독서안내

제1장 동고에서의 다툼: 현지조사와 민족지

민족지 연구를 직접 수행하고 이에 대해 기술한 훌륭한 저작들이 많이 있다. 로라 보하난(Laura Bohannan)의 *Return to Laughter*(Doubleday, 1964)는 처음에 엘라노어 스미스 보언(Elanore Smith Bowen)이라는 필명을 단 채 소설로 출간되었고 아직까지도 이 장르의 고전으로 남아 있다. 나이절 발리(Nigel Barley)의 *Adventures in a Mud Hut*(Vanguard, 1983), 폴 라비노우(Paul Rabinow)의 *Reflections on Fieldwork in Morocco*(University of California Press, 1977), 장폴 뒤몽(Jean-Paul Dumont)의 *The Headman and I*(University of Texas Press, 1978)는 모두 흥미진진한 자전적 이야기들이다. 좀더 진지하고 사색적인 저작으로는 클로드 레비스트로스의 『슬픈 열대Tristes Tropiques』(Athenaeum, 1955; 박옥줄 옮김, 한길사, 1998)만한 것이 없다. 현대에 쓰인 평전이나 현지조사 방법론에 대한 비평도 많이 있다. 일례로 클리퍼드 기어츠는 자전적 회고록인 *After the Fact: Two Countries, Four Decades, One Anthropologist*(Harvard University Press, 1995)와, 레비스트로스, 루스 베네딕트 등의 학문적 경력을 고찰한 『저자로서의 인류학자Works and Lives: The Anthropologist as Author』(Stanford University Press, 1985; 김병화 옮김, 문학동네, 2014)를 썼다. 제임스 클리퍼드(James Clifford)는 『문화를 쓴다: 민족지의 시학과 정치학Writing Culture: The Poetics and Politics of

Ethnography』(University of California Press, 1986; 이기우 옮김, 한국문화사, 2000)에서 민족지적 글쓰기에 대한 중요한 논문들을 집대성했다. 조지 마커스(George Marcus)와 마이클 피셔(Michael Fischer)는 『인류학과 문화비평Anthropology as Cultural Critique』(University of Chicago Press, 1986; 유철인 옮김, 아카넷, 2005)에서 민족지적 방법론과 글쓰기에 대한 영향력 있는 비평을 제시했으며, 그중 마커스는 비판적 인류학에 대한 논문집인 *Critical Anthropology Now*(School of American Research Press, 1999)를 편집하기도 했다. 1835~40년 프랑스에서 출간된 알렉시 드 토크빌의 『미국의 민주주의Democracy in America』(J. Vrin, 1990; 임효선 · 박지동 옮김, 한길사, 1997 · 2002; 『아메리카의 민주주의』, 이용재 옮김, 아카넷, 2018)도 참조하라.

제2장 벌 유충과 양파 수프: 문화

앨프리드 크로버와 클라이드 클럭혼은 *Culture: A Critical Review of Concepts and Definitions*(1952, Vantage Books, 1963)에서 문화의 정의들을 검토했다. 조지 스토킹(George Stocking)의 *Race, Culture, and Evolution*(The Free Press, 1968)은 보아스학파 문화 개념의 사상사를 가장 훌륭하게 다룬 책이다. 클리퍼드 기어츠는 『문화의 해석Interpretation of Cultures』(Basic Books, 1973; 문옥표 옮김, 까치, 2009)에 발표한 일련의 에세이를 통해 해석학적 문화 개념을 제시하여 큰 영향력을 끼쳤다. 에드워드 사이드는 『오리엔탈리즘Orientalism』(Routledge and Kegan Paul, 1978; 박홍규 옮김, 교보문고, 2015)에서 동양(Orient)과 동양인(Orientals)이 서구의 지속적인 우위를 반영하는 방식으로 재현되어왔다고 주장한다. 그는 인류학자들로 하여금 비서구인에 대한 인류학적 재현 역시 (포스트)식민주의적 이해관계의 영향을 받은 것은 아닌지 재고하게 만들었다. 이와 비슷한 맥락에서 요하네스 파비안(Johannes Fabian)은 *Time and the Other*(Columbia University Press, 1983)에서 인류학이 그 연구 대상을 어떻게 창조해왔는지를 검토한다. 미셸 푸코는 문화에 대한 인류학적 사고에 큰 영향을 끼친 비(非)인류학자로, 『권력과 지식: 미셸 푸코와의 대담Power/Knowledge: Selected Interviews and Other Writings』(Pantheon Books, 1980; 홍성민 옮김, 나남, 1991)을 비롯한 그의 저작에서 의미(meaning)는 권력과 거의 동의어가 되었다.

이 장에서 인용한 글들의 출처로는 에밀 뒤르켐과 마르셀 모스의 『분류의 원시적 형태들Primitive Classification』(1903; University of Chicago Press, 1969; 김현자 옮김, 서울대학교출판문화원, 2013), 클로드 레비스트로스의 『신화와 의미Myth and Meaning』(Schocken, 1978; 임옥희 옮김, 이끌리오, 2000), 단 스페르베르의 *On Anthropological Knowledge*(Cambridge University Press, 1985), 그리고 우리가 보기에—물론 이 책 이전에 나온 것 중에서!—짧은 개설서로 가장 훌륭한 로버트 머피의 *Cultural and Social Anthropology: An Overture*(Prentice-Hall, 1986)가 있다.

제3장 어느 짧은 만남: 사회

고전적 사회 이론에 대한 좋은 개설서들이 많이 있다. R. 존 맥기(R. Jon McGee)와 리처드 웜스(Richard Warms)는 *Anthropological Theory: An Introductory History*(Mayfield, 2000)로 고전과 현대의 중요한 논문들을 망라한 탁월한 앤솔로지를 편집했다. 로저 트리그(Roger Trigg)의 『사회과학 이해하기: 사회과학에 대한 철학적 소개Understanding Social Science: A Philosophical Introduction to the Social Sciences』(Blackwell, 1985; 김연각 옮김, 한국문화사, 2013)는 이 장에서 제기한 많은 이슈들을 훌륭하게 개관했다. 애덤 쿠퍼(Adam Kuper)의 『인류학과 인류학자들: 영국 사회인류학의 전통과 발전Anthropology and Anthropologists: The Modern British School』(Pica Press, 1985; 박순영 · 박자영 옮김, 한길사, 2016)은 말리노스프키부터 1980년대 중반까지 영국 사회인류학의 발전 과정을 탁월하게 기술했다. 하지만 그 무엇도 대가의 원저를 읽는 것을 대신할 수는 없다. 뒤르켐의 저작으로는 『사회분업론The Division of Labour in Society』(various editions, 1893; 민문홍 옮김, 아카넷, 2012)과 『자살론Suicide』(various editions, 1897; 황보종우 옮김, 청아출판사, 2008)을 추천한다. 한스 H. 거스(Hans H. Gerth)와 C. 라이트 밀스(C. Wright Mills)의 『막스 베버 선집From Max Weber: Essays in Sociology』(Oxford University Press, 1958; 임영일 · 차명수 · 이상률 편역, 까치, 1991)은 막스 베버의 표준 저작집이다. 마르크스의 표준 저작집으로는 로버트 터커(Robert Tucker)의 *The Marx-Engels Reader*(Norton, 1978)를 들 수 있다. 말리노프스키

의 저작 중에서 가장 인상직으로 두드러지는 것은 그의 민족지로, 그 중에서도 특히 『서태평양의 항해자들Argonauts of the Western Pacific』(Routledge (Harcourt Brace), 1922; 최협 옮김, 전남대학교출판부, 2013)과 『미개인의 성생활The Sexual Lives of Savages』(Kegan Paul (Dutton), 1957; 김영목 옮김, 휘경출판공사, 1979)을 들 수 있으며, 그의 좀더 이론적인 논문에 관심이 있는 독자들은 『문화의 과학적 이론A Scientific Theory of Culture, and Other Essays』(Oxford University Press, 1944; 한완상 옮김, 삼성출판사, 1978)을 보면 좋겠다. A. R. 래드클리프브라운의 논문집으로 가장 좋은 것은 *Structure and Function in Primitive Society*(Free Press, 1961)이다. 어빙 고프먼의 '총체적 제도'에 대해서는 *Asylums*(Aldine, 1962)와 더불어 그의 고전인 『자아 연출의 사회학The Presentation of Self in Everyday Life』(Doubleday, 1959; 진수미 옮김, 현암사, 2016)을 참조하라. 사회적 재생산에 대한 피에르 부르디외의 저작으로는 특히 『구별짓기: 문화와 취향의 사회학Distinction: A Social Critique of the Judgement of Taste』(Harvard University Press, 1984; 최종철 옮김, 새물결, 2005)이 흥미진진하다.

제4장 페르난도가 아내를 얻고자 하다: 성과 혈연

인류학의 결혼과 친족 연구에 대한 개론적 논의는 로저 키징(Roger Keesing)의 *Kin Groups and Social Structure*(Holt, Rinehart and Winston, 1975)와 로빈 폭스(Robin Fox)의 *Kinship and Marriage: An Anthropological Perspective*(Penguin, 1967)에서 찾을 수 있다. A. J. 버

나드(A. J. Bernard)와 앤서니 굿(Anthony Good)의 *Research Practices in the Study of Kinship*(Academic Press, 1984)은 친족 연구의 유용한 매뉴얼이다. 데이비드 슈나이더(David Schneider)의 *A Critique of the Study of Kinship*(University of Michigan Press, 1984)은 친족이 상상되고 연구되는 방식에 대한 훌륭한 비판적 분석이다. 에밀리 마틴(Emily Martin)의 *The Woman in the Body: A Cultural Analysis of Reproduction*(Beacon Press, 1987)은 여성 신체에 대한 서구 과학 담론에서 성, 임신, 출산 등 재생산을 둘러싼 생리 과정이 문화적으로 구성되는 과정을 인류학 연구의 렌즈로 바라보았다. 베스 콩클린(Beth Conklin)의 *Consuming Grief*(University of Texas Press, 2001)는 서양인들이 불편하게 여기는 아마존 원주민 관습인 장례 카니발리즘(mortuary cannibalism, 친족 구성원의 장례를 치를 때 망자의 몸의 일부를 먹는 관습—옮긴이)을 이해하려면, 친족이 그들 자신과 연결되며 보다 넓은 환경과 연결된다고 상상되는 방식에 면밀한 주의를 기울여야 함을 보여준다.

제5장 라 보세가 바카르가 되다: 카스트, 계급, 부족, 민족

앞의 3장에서 인용한 많은 문헌들, 특히 뒤르켐과 베버의 저작은 이 장과도 관련이 있다. 일반 독자에게는 일부 논문이 어려울 수도 있지만, 니컬러스 더크스(Nicholas Dirks), 제프 엘리(Geoff Eley), 셰리 오트너(Sherry Ortner)가 엮은 빼어난 논문집 *Culture/Power/History*(Princeton University Press, 1994)는 이 장에서 제기된 문제들과 관련된 우리 시대의 중요한 목소리들을 한데 모았다. 최근 현대성 연구에 중요하게 기여한 책으로는 앤서니 기든스의 『현대성과 자아정체성: 후기 현대의 자아와 사회Modernity and Self-Identity: Self and Society in the Late Modern Age』(Stanford, 1990; 권기돈 옮김, 새물결, 1997)가 있다. 토템이라는 주제에 대한 흥미진진한 저작으로는 클로드 레비스트로스의 『오늘날의 토테미즘Totemism』(Beacon, 1963; 류재화 옮김, 문학과지성사, 2012)을 보라. 노르웨이의 인류학자 프레드리크 바르트(Fredrik Barth)의 *Ethnic Groups and Boundaries*(Little, Brown, 1969)는 나온 지 오래되었지만 여전히 종족성이라는 주제에 관한 가장 훌륭한 일반 입문서다. 세계화의 과정에 관심이 있는 독자들에게는 아르준 아파두라이(Arjun Appadurai)의 『고삐 풀린 현대성Modernity at Large: Cultural Dimensions of Globalization』(University of Minnesota Press, 1996; 채호석 · 차원현 · 배개화 옮김, 현실문화, 2004)과 마이크 페더스톤(Mike Featherstone)이 엮은 앤솔로지 *Global Culture: Nationalism, Globalization and Modernity*(Sage, 1990)가 가장 흥미를 자극할 것이다.

제6장 누요에서의 축제: 사람들의 소유물

선물 교환에 대한 고전적 기술은 마르셀 모스의 『증여론The Gift』(Routledge and Kegan Paul, 1990; 이상률 옮김, 한길사, 2002)에서 찾아볼 수 있다. 크리스 그레고리(Chris Gregory)의 *Gifts and Commodities*(Academic Press, 1982)는 선물 교환을 형식적으로 모형화하려는 시도다. 헬렌

코데어(Helen Codere)의 *Fighting with Property: A Study of Kwakiutl Potlaching and Warfare, 1892-1930*(American Ethnological Society, Monograph 18, 1986)는 콰키우틀족의 포틀래치를 역사적으로 기술했다. '*The Gift*, The Indian Gift, and "The Indian Gift"'(Man 21: 453-473, 1986)에서 조너선 패리(Jonathan Parry)는 국지적 선물 교환 제도가 모스가 규정한 보편적 패턴에 반드시 부합하지는 않음을 보여준다. 이고르 코피토프(Igor Kopytoff)가 *The Social Life of Things*(Arjun Appadurai (ed.), Cambridge University Press, 1986)에 실린 한 중요한 논문에서 제시한 바에 따르면 사람들은 물건을 '선물'이나 '상품'으로서 보지 않고, 그 나름의 일생에 걸쳐 서로 다른 교환 및 가치 체계들 사이를 옮겨다니는 것으로서 본다고 한다. 수요를 견인하는 사회적 · 문화적 과정은 메리 더글러스와 배런 이셔우드(Baron Isherwood)가 쓴 *The World of Goods*(Basic Books, 1979)의 주제다. 『구별짓기』에서 피에르 부르디외는 소비가 사회 집단들의 정체성과 그들 간의 차이를 반영하는 방식을 고찰한다. 조너선 패리와 모리스 블로흐(Maurice Bloch)의 *Money and the Morality of Exchange*(Cambridge University Press, 1989)에 실린 논문들은 화폐가 도덕 · 사회 체제를 약화시키기만 하는 것이 아니라 뒷받침하기도 하는 실례들을 보여준다. 인류학자들이 연구해온 사람들에게 시장 개입은 흔히 파국적인 영향을 끼쳤는데, 에릭 울프(Eric Wolf)는 『유럽과 역사 없는 사람들Europe and the People without History』(University of California Press, 1982; 박광식 옮김, 뿌리와이파리, 2015)에서 그 실례들을 보여준다. 여기서 울프는 문화를 동질적이거나 뚜렷한 경계로 둘러싸인 통일체인 것처럼 취급하지 말라고 경고하지만, 아편을 재배하는 카친족, 카리브해 연안의 사탕수수 노동자, 영국의 생산직 노동자 같은 집단들을 단일한 세계 노동 분업의 일부분으로 간주한다.

제7장 비마에서의 가뭄: 사람들이 믿는 신

종교인류학 분야에서는 많은 연구가 행해졌다. 이 장에서 제시된 이론적 · 민족지적 사례들 중에서는 에밀 뒤르켐의 『종교 생활의 원초적 형태Elementary Forms of the Religious Life』(various editions, 1912; 노치준 · 민혜숙 옮김, 민영사, 2017), 막스 베버의 『프로테스탄티즘의 윤리와 자본주의 정신Protestant Ethic and the Spirit of Capitalism』(Scribners, 1958; 김덕영 옮김, 길, 2010), 그리고 앞에서 언급한 막스 베버 저작집을 참조하라. 앤서니 F. C. 월러스의 *The Death and Rebirth of the Seneca*(Knopf, 1970)는 세네카족의 '부흥 운동(revitalization movement)'에 대한 이야기를 들려준다. 생애분기의례와 기타 의례에 대한 빅터 W. 터너(Victor W. Turner)의 민족지적 · 이론적 저작들, 그중에서도 *The Forest of Symbols*(Cornell University Press, 1982)와 *Dramas, Fields, and Metaphors*(1985)는 인류학은 물론이고 그 밖의 분야에도 광범위한 영향을 끼쳤다.

제8장 냐뉴 마리아가 벼락을 맞다: 사람들의 자아

M. S. 캐리더스(M. S. Carrithers), S. 코언(S. Cohen), S. 룩스(S. Lukes)가 엮은 *The Category of the Person*(Oxford University Press, 1985)에는 인류학과 기타 분야에서의 인격(person) 개념에 대한 탁월한 논의가 담겨 있다. 의료인류학과 병의 문화적 의미에 대한 개설서로는 아서 클라인만(Arthur Kleinman)의 *Patients and Healers in the Context of Culture*(University of California Press, 1980)와 마크 닉터(Mark Nichter)가 편집한 *Anthropological Approaches to the Study of Ethnomedicine*(Gordon and Breach, 1992)을 보라. 삼비아족에 대해서는 길버트 허트(Gilbert Herdt)의 *The Guardians of the Flutes*(McGraw Hill, 1981)에 기술되어 있다. 성과 성별이 보편적으로 이분법적 범주라는 관념에 도전하는 연구는 *Third Sex, Third Gender: Beyond Sexual Dimorphism in Culture and History*(G. Herdt (ed.), Zone Books, 1994)에서 찾아볼 수 있다. 또 남성과 여성의 관계와 이 관계에서 서로 견제하는 힘의 복잡성에 초점을 맞춘 연구는 페기 샌데이(Peggy Sanday)와 루스 구디너프(Ruth Goodenough)가 편집한 *Beyond the Second Sex: New Directions in the Anthropology of Gender*(University of Pennsylvania Press, 1990)에서 찾아볼 수 있다.

사회문화인류학

SOCIAL AND CULTURAL ANTHROPOLOGY

1판 1쇄 발행 2018년 6월 15일
2판 1쇄 발행 2024년 6월 1일

지은이 존 모나한 · 피터 저스트
옮긴이 유나영
편집 최연희 이고호
디자인 강혜림
저작권 박지영 형소진 최은진 서연주 오서영
마케팅 김선진 김다정
브랜딩 함유지 함근아 고보미 박민재 김희숙 박다솔 조다현 정승민 배진성
제 작 강신은 김동욱 이순호
제작처 한영문화사(인쇄) 한영제책사(제본)

펴낸곳 (주)교유당 **펴낸이** 신정민
출판등록 2019년 5월 24일 제406-2019-000052호
주소 10881 경기도 파주시 회동길 210
전자우편 gyoyudang@munhak.com
문의전화 031) 955-8891(마케팅)
031) 955-2680(편집)
031) 955-8855(팩스)

페이스북 @gyoyubooks
트위터 @gyoyu_books **인스타그램** @gyoyu_books

ISBN 979-11-93710-35-7 03300